AF204849

Thomas Althauser und no.parking

←————→

ALLES

ÜBER BIER

IN INFOGRAFIKEN

riva

Vorwort

Als die Menschen vor ein paar Tausend Jahren mehr oder weniger unabsichtlich, vermutlich aus einem alten Laib Brot und etwas heißem Wasser, das erste Bier der Welt brauten, stellten sie schnell fest, was für eine großartige Erfindung sie da in ihrem dampfenden Kessel hatten. Aus nicht einmal einer Handvoll Zutaten entstand ein Getränk, das im Laufe der Zeit in seiner Vielseitigkeit kaum Grenzen kennen sollte. Kein Wunder, dass sich von Beginn an um das Bier unzählige Mythen und Sagen rankten. Und auch wenn es den legendären König Gambrinus, der das Bier einst erfunden haben soll, in Wirklichkeit wohl nie gegeben hat, wurde es nicht nur von den durstigen Germanen schnell zum einzig wahren Trank der Götter erkoren. Später wurden dem Bier ganz besondere Kräfte nachgesagt: Es galt – je nach Weltanschauung – mal als vorsichtig einzusetzende Medizin, mal als großzügig anzuwendendes Universalheilmittel und manchmal auch als Teufelszeug, das den jeweiligen Konsumenten dem Verderben preisgab! Dutzende blutige Kriege wurden allein wegen des Bieres geführt und es gab erbitterte Verteilungskämpfe zwischen Klosterherren und Landesfürsten. Gewissenlose Brauer, die sich der Profitgier halber an ihren Erzeugnissen vergingen und ihren Kunden verunreinigtes Bier verkauften, bezahlten dafür mit ihrem Leben. Mit dem Bayerischen Reinheitsgebot von 1516 entstand schließlich eines der ersten flächendeckenden Lebensmittelgesetze überhaupt, das erstaunlicherweise bis heute Bestand hat und von den meisten Erzeugern, die sich mit Leidenschaft der hohen Braukunst verschrieben haben, ziemlich ernst genommen wird.

Und nach einer kleinen Durststrecke in den Neunzigerjahren des letzten Jahrhunderts, als sich die Verbraucher eher seltsamen, bunten und klebrig-süßen Getränken aus den Chemielaboren internationaler Konzerne zuwandten, feiert unser gutes altes Bier spätestens seit der viel beschriebenen Craft-Beer-Bewegung eine ungeahnte Renaissance. Länder wie die USA oder China, die lange als Geschmackswüste in Sachen Bier galten, geben heute die Trends vor und legen eine ungeahnte Lust auf Bier an den Tag. Und auch wir Deutschen, die wir im zumindest inoffiziellen Stammland des Bieres lange eine Konzentration zu immer größeren Braufabriken schlucken mussten, dürfen uns seit einiger Zeit über einen erstaunlichen Trend hin zu kleinen, frechen und innovativen Handwerksbetrieben mit kreativen Ideen und gewagten Sorten freuen. Es muss einem also nach rund 500 Jahren Reinheitsgebot ganz sicher nicht bange sein um eines der ältesten Genussmittel der menschlichen Kulturgeschichte. Dieses Büchlein will mit interessanten Fakten, kuriosen Zahlen und überraschenden Daten Lust machen auf das nächste Glas dieses so einzigartigen wie vielseitigen Zaubertranks. Denn wie wusste schon der Deutsche Brauer-Bund in seiner berühmten Werbekampagne aus den Fünfzigerjahren: Bier schmeckt immer! In diesem Sinne viel Spaß beim Lesen und – Prost!

Prost !

Von 1516

Ein Bier gemäß dem
Bayerischen Reinheitsgebot
von 1516 besteht aus:

1516

HOPFEN + **MALZ** + **WASSER**

Herzog Wilhelm IV.
von Bayern

Ein Bier gemäß dem Bayerischen Reinheitsgebot darf außerdem enthalten bzw. hergestellt werden mit (gemäß Zusatzstoffverordnung des Bundesministeriums für Ernährung und Landwirtschaft):

Aktivkohle

Algenmehl

Asbest

Baumwolle

Bentonite

Blausäure

Calciumchlorid

Calciumsulfat

Cellulose

Chlordioxid

Essigsäure

Gesteinsmehl

Hanf

Hausenblase

Hexan

Hirserohfrucht

Holzspäne

Honig

Hopfenextrakt

Hopfenpulver

Hypochlorid

Kalkmilch

Kieselgele

Kieselgur

Kochsalz

Kohlendioxid

Kohlensäure

Methylenchlorid

Milchsäure

aturpyrethrum

Ozon

Perlite

Phosphin

Polyvinylpoly-
pyrrolidon

Pyrethrum

Radioaktive
Bestrahlung

Schwefel

Schwefelsäure

Sulfit

Triticalemalz

Zink

Zucker

Zuckercouleur

Ein kleines bisschen Biergeschichte

Das „Monument Bleu" wird verfasst, eine Art historische Brauanleitung, die erklärt, wie man aus Emmer zunächst Brot und aus dem Brot dann ein berauschendes Getränk zubereiten kann.

Die Sumerer lieben das Bier und lassen sich ihre Loyalität zum Herrscher je nach Standeszugehörigkeit teuer bezahlen: Die täglich von Amts wegen zugebilligte Ration beträgt bis zu sieben Kannen.

 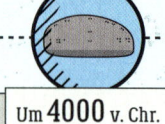   

| Um 5000 v. Chr. | Um 4000 v. Chr. | 3700 v. Chr. | Um 3000 v. Chr. | 1000 v. Chr. |

Erster Anbau historischer Getreidearten wie Emmer und Gerste in Mesopotamien (heute: Irak) – und höchstwahrscheinlich auch erste, zunächst zufällige Brauversuche mit vergorenem Getreidebrei

Der babylonische König Hammurabi verfasst seinen berühmten „Kodex Hammurabi", der Bierpanscherei vollkommen zu Recht mit Ertränken im eigenen Sud bestraft.

Die alten Ägypter gründen in Pelusium die erste Staatsbraue der Welt. Trotz diese Tradition schafft es ägyptisches Bier 300 Jahre lang nicht, sic einen guten Ruf zu erarbeiten.

Kulbach wird die
erampore" befüllt,
heute als ältester
Nachweis für
ierherstellung im
rmanischen Raum
t. Der Inhalt wird
nie verkostet.

Die ersten
Klosterbrauereien in
Deutschland gründen
sich, vor allem zu
Zeiten Karls des
Großen. Es sollten in
den folgenden Jahren
rund 500 werden.

Ludwig der Bayer
untersagt wegen
einer verheerenden
Ernte das Bierbrauen
– und kaum einer
hält sich daran.

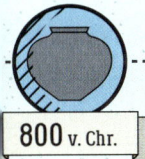  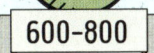  

800 v. Chr.   **260** n. Chr.   **600–800**   **1040**   **1317**

Auf einem Grenzstein
bei Trier wird erstmals ein
zukunftsträchtiger Beruf
genannt: der Bierhändler.

Erteilung des Braurechts für das Kloster
Weihenstephan, der ältesten heute noch
bestehenden Brauerei der Welt.
Das Rezept hat sich seitdem nur
unwesentlich verändert – zum Glück.

Am 23. April wird in Ingolstadt die Bayerische Landesordnung beschlossen, in der sich ein Abschnitt mit verbindlichen Regeln zur Bierherstellung befasst. Hauptgrund war aber eher nicht die Reinheit des Bieres – sondern die Tatsache, dass die Herzöge so besser abkassieren konnten.

Fertigstellung des Münchner Hofbräuhauses, für das sich leider kein anständiger einheimischer Brauer fand

Das erste Oktoberfest, das erstaunlicherweise noch ganz ohne Zelte, nackte Australierinnen und dämliche Sepplhüte auskam

1516

1525

1591

1791

1810

Bierfan Martin Luther lässt zu seiner Hochzeit Einbecker Bockbier ausschenken. Praktischerweise schenkt ihm seine Heimatstadt Wittenberg zu diesem Anlass ebenfalls ein paar Fässer Einbecker.

Nach dem Fall der Zollschranken wird Bier erstmals kreuz und quer in Europa gehandelt. Der Beginn einer wunderbaren Sortenvielfalt

Carl Linde erfindet
die Kältemaschine –
und ermöglicht so das
Brauen aller
Biersorten das ganze
Jahr hindurch.

Das „Kölsch" wird
als Markenname
eingetragen.
Der Beginn einer
wunderbaren
Freundschaft mit dem
Düsseldorfer „Alt"

Das Reinheitsgebot
feiert 500-jähriges
Jubiläum, und dieses
Buch erscheint.

1842   **1876**   **1888**   **1918**   **1987**   **2016**

...indung des Pils, das
...m böhmischen Pilsen
...us einen Siegeszug
...urch die Zapfhähne
...er gesamten Welt
antreten sollte

Auf dem Münchner
Nockherberg entsteht
nach dem
Starkbieranstich die
erste und letzte
diesbezügliche
Massenprügelei

Der Europäische Gerichtshof
kippt die deutsche
Schutzbezeichnung für Bier – mit
der Folge, dass auch grausige
ausländische Sorten unter diesem
schönen Begriff hier verkauft
werden dürfen.

500°

Chemische Bestandteile eines Bieres in Prozent

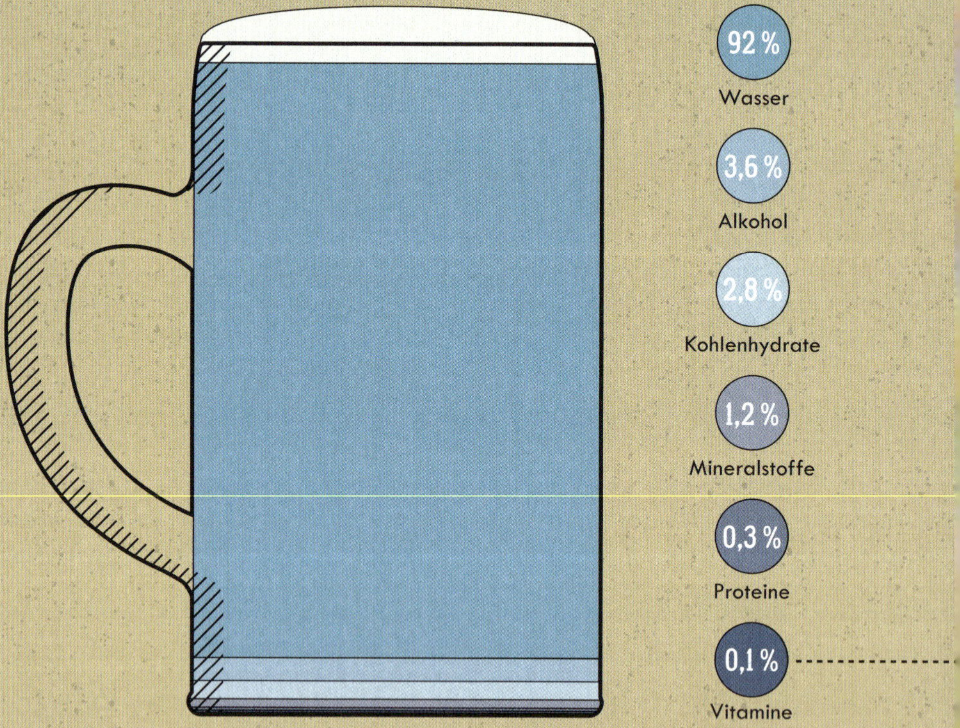

92 %
Wasser

3,6 %
Alkohol

2,8 %
Kohlenhydrate

1,2 %
Mineralstoffe

0,3 %
Proteine

0,1 %
Vitamine

15 Anzahl bekannter lebenswichtiger Vitamine

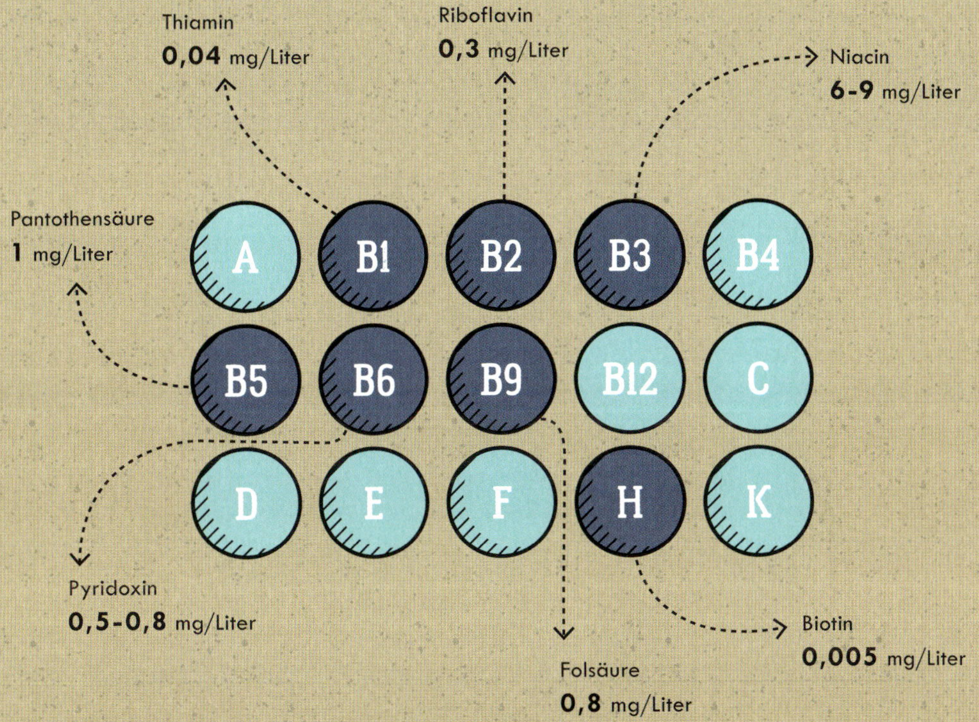
Thiamin
0,04 mg/Liter
Riboflavin
0,3 mg/Liter
Niacin
6-9 mg/Liter
Pantothensäure
1 mg/Liter
A
B1
B2
B3
B4
B5
B6
B9
B12
C
D
E
F
H
K
Pyridoxin
0,5-0,8 mg/Liter
Folsäure
0,8 mg/Liter
Biotin
0,005 mg/Liter

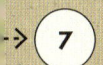

7 Anzahl im Bier in nennenswerter Dosis enthaltener lebenswichtiger Vitamine

Der Hopfen – eine der ältesten Kulturpflanzen der Welt

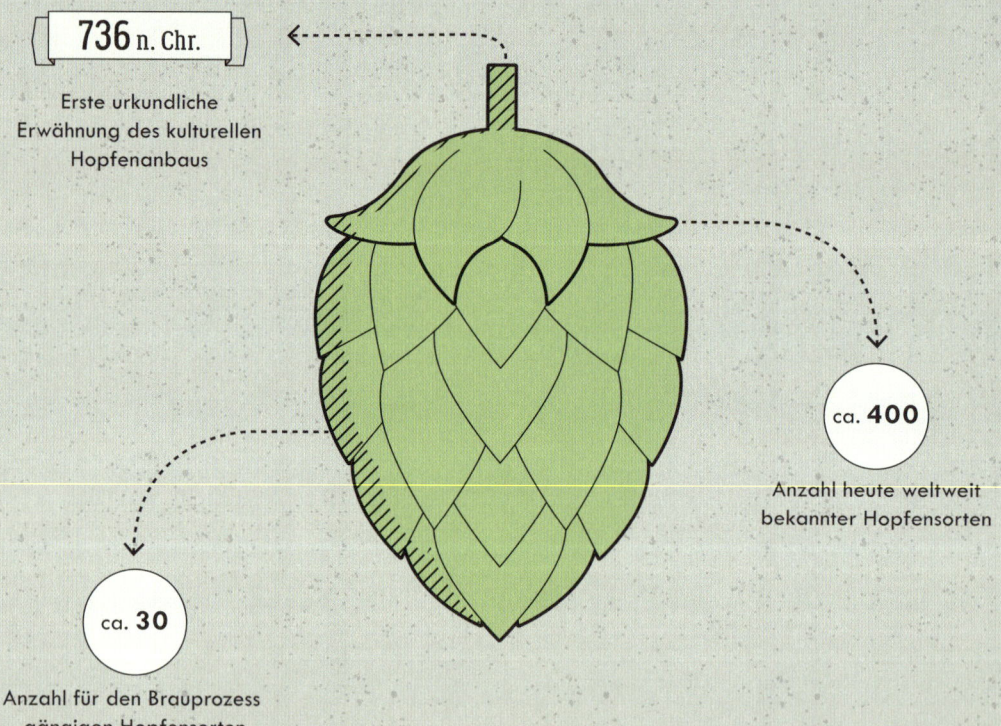

736 n. Chr.

Erste urkundliche
Erwähnung des kulturellen
Hopfenanbaus

ca. 400

Anzahl heute weltweit
bekannter Hopfensorten

ca. 30

Anzahl für den Brauprozess
gängigen Hopfensorten

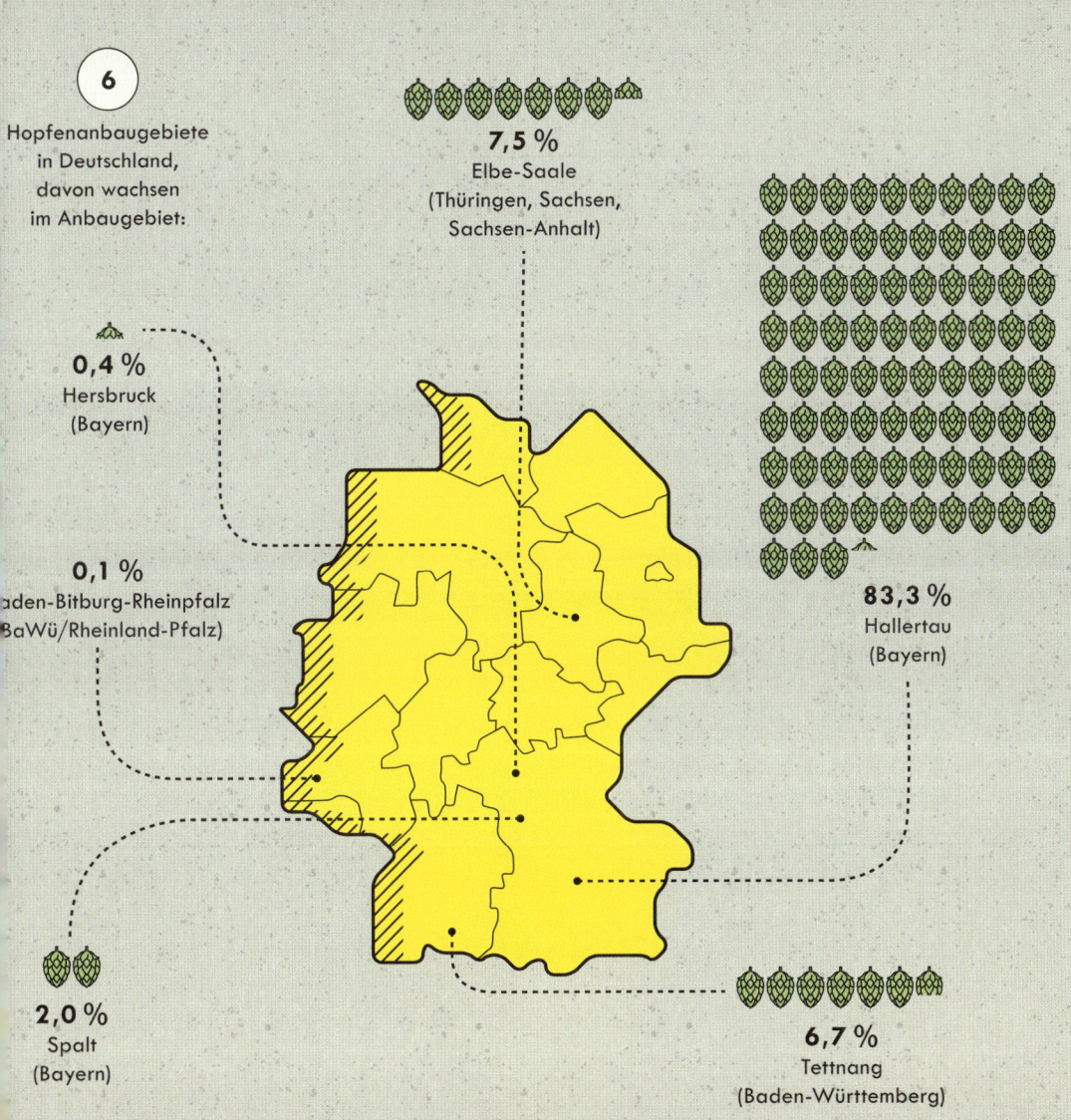

6

Hopfenanbaugebiete
in Deutschland,
davon wachsen
im Anbaugebiet:

7,5 %
Elbe-Saale
(Thüringen, Sachsen,
Sachsen-Anhalt)

0,4 %
Hersbruck
(Bayern)

0,1 %
Baden-Bitburg-Rheinpfalz
(BaWü/Rheinland-Pfalz)

83,3 %
Hallertau
(Bayern)

2,0 %
Spalt
(Bayern)

6,7 %
Tettnang
(Baden-Württemberg)

Malz

Schrotmühle

Wasserzugabe

Malzsilo

Maischpfanne

Läuterbottich

Hefezugabe

Gärtank

Lagertank

Bierfilter

Fass außen und innen reinig

Flaschen reinigen

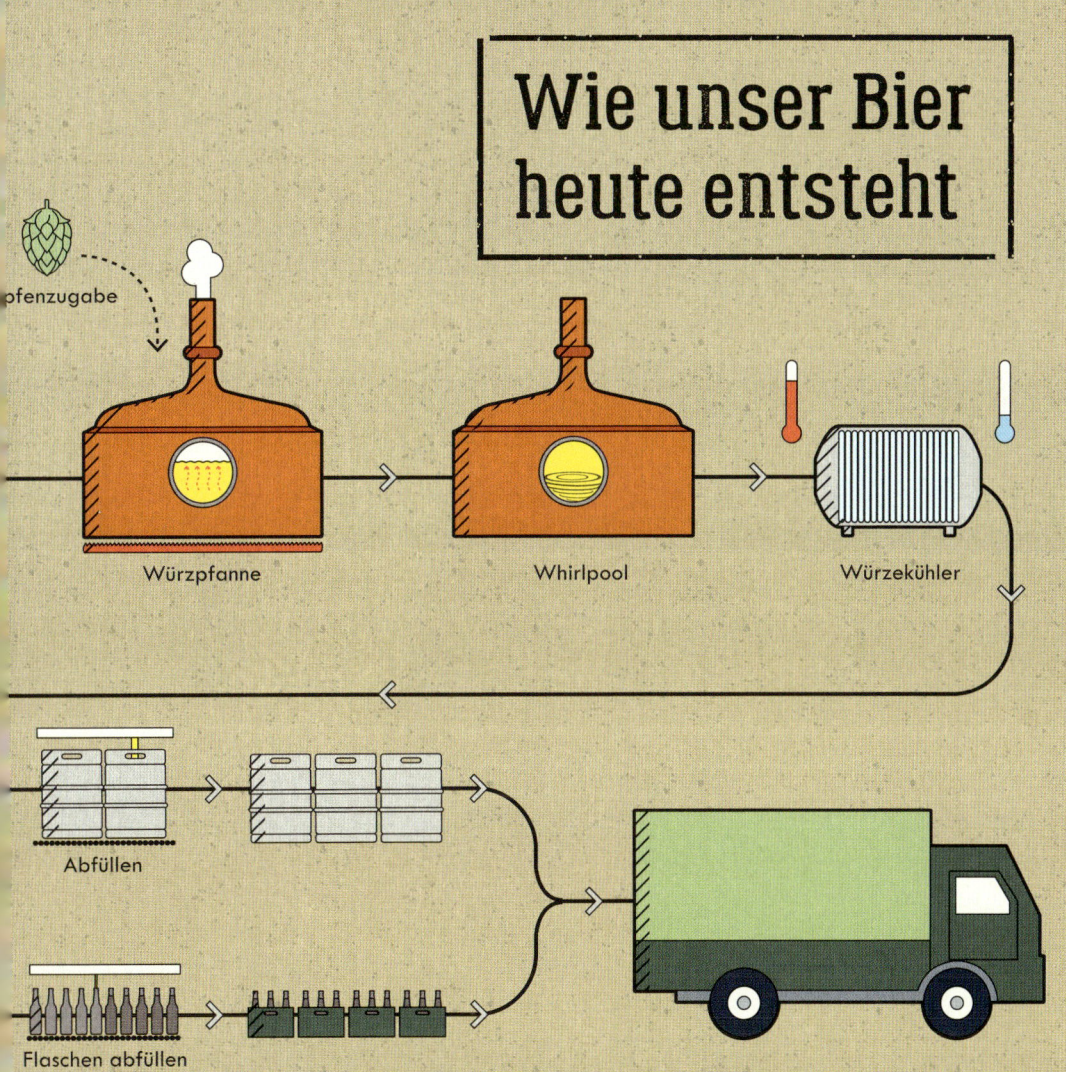

Wie unser Bier heute entsteht

pfenzugabe

Würzpfanne

Whirlpool

Würzekühler

Abfüllen

Flaschen abfüllen

Die amtliche Definition: Welche Biergattungen gibt es bei uns überhaupt?

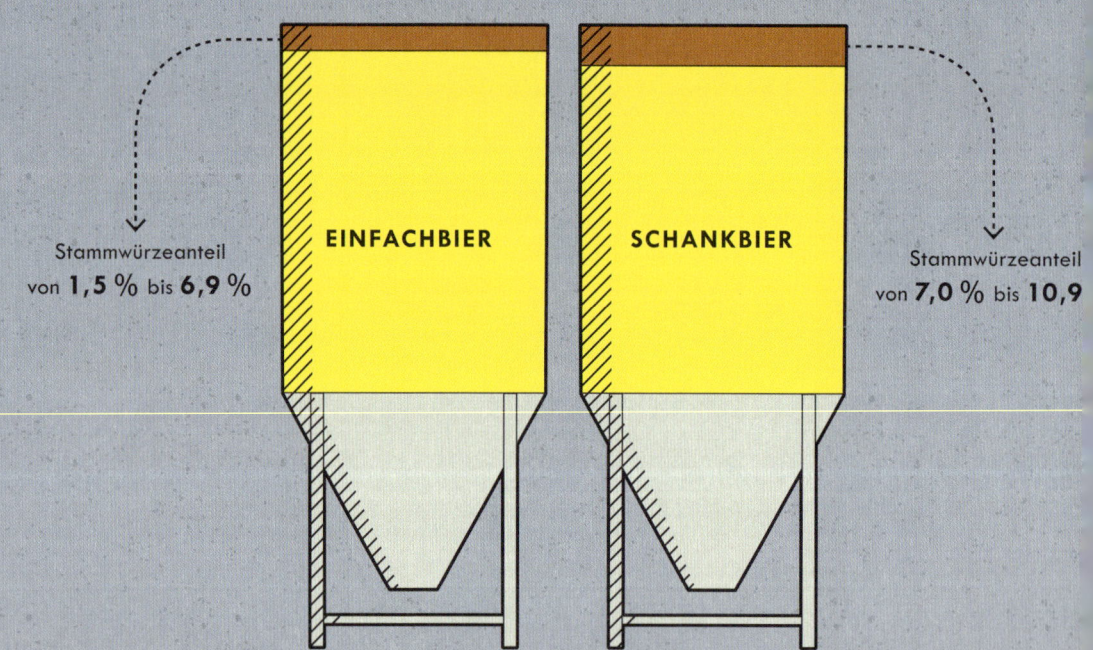

Stammwürzeanteil von **1,5** % bis **6,9** %

EINFACHBIER

SCHANKBIER

Stammwürzeanteil von **7,0** % bis **10,9**

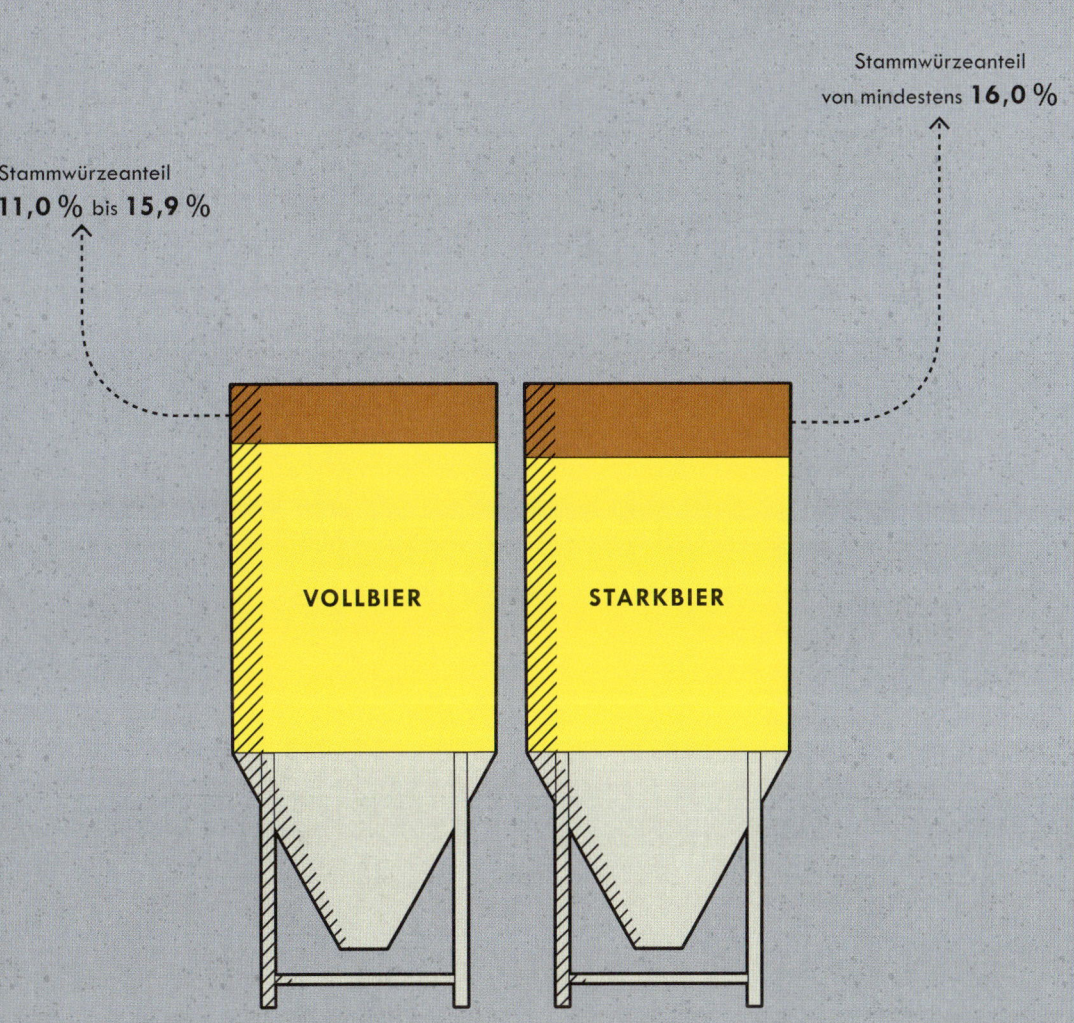

Stammwürzeanteil
11,0 % bis **15,9 %**

Stammwürzeanteil
von mindestens **16,0 %**

VOLLBIER

STARKBIER

Schillernd wie ein Regenbogen

So schön sind die verschiedenen Farben des Bieres

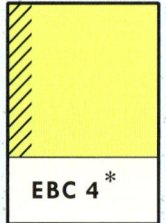

EBC 4 *

Pale Lager, Witbier,
Pilsener, Berliner Weiße

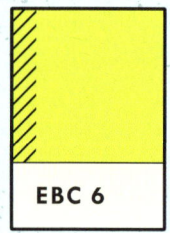

EBC 6

Maibock, Blonde Ale

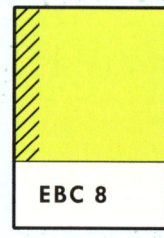

EBC 8

Weißbier

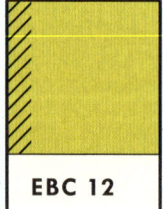

EBC 12

American Pale Ale,
India Pale Ale

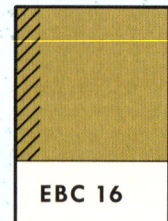

EBC 16

Weißbier, Saison

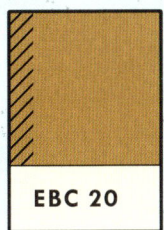

EBC 20

English Bitter,
Extra Special Bitter

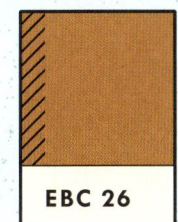

EBC 26

Bière de garde, Double IPA

EBC 33

Dunkles Lager, Märzen,
Amber Ale

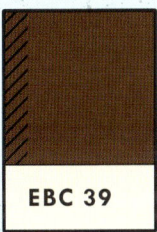

EBC 39

Brown Ale, Bock,
Dunkelbier, Dunkelweizen

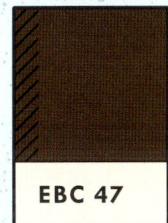

EBC 47

Irish Dry Stout,
Doppelbock, Porter

* Mit der Einheit EBC wird im europäischen Raum die Farbe (genauer: die Farbstärke) von Bier und Bierwürze beschrieben. Der von der European Brewery Convention festgelegte Wert bezeichnet, wie viel Licht von Bier eines bestimmten Stammwürzegehalts absorbiert wird.

EBC 57

Stout

EBC 69

Foreign Stout,
Baltic Porter

EBC 79

Imperial Stout

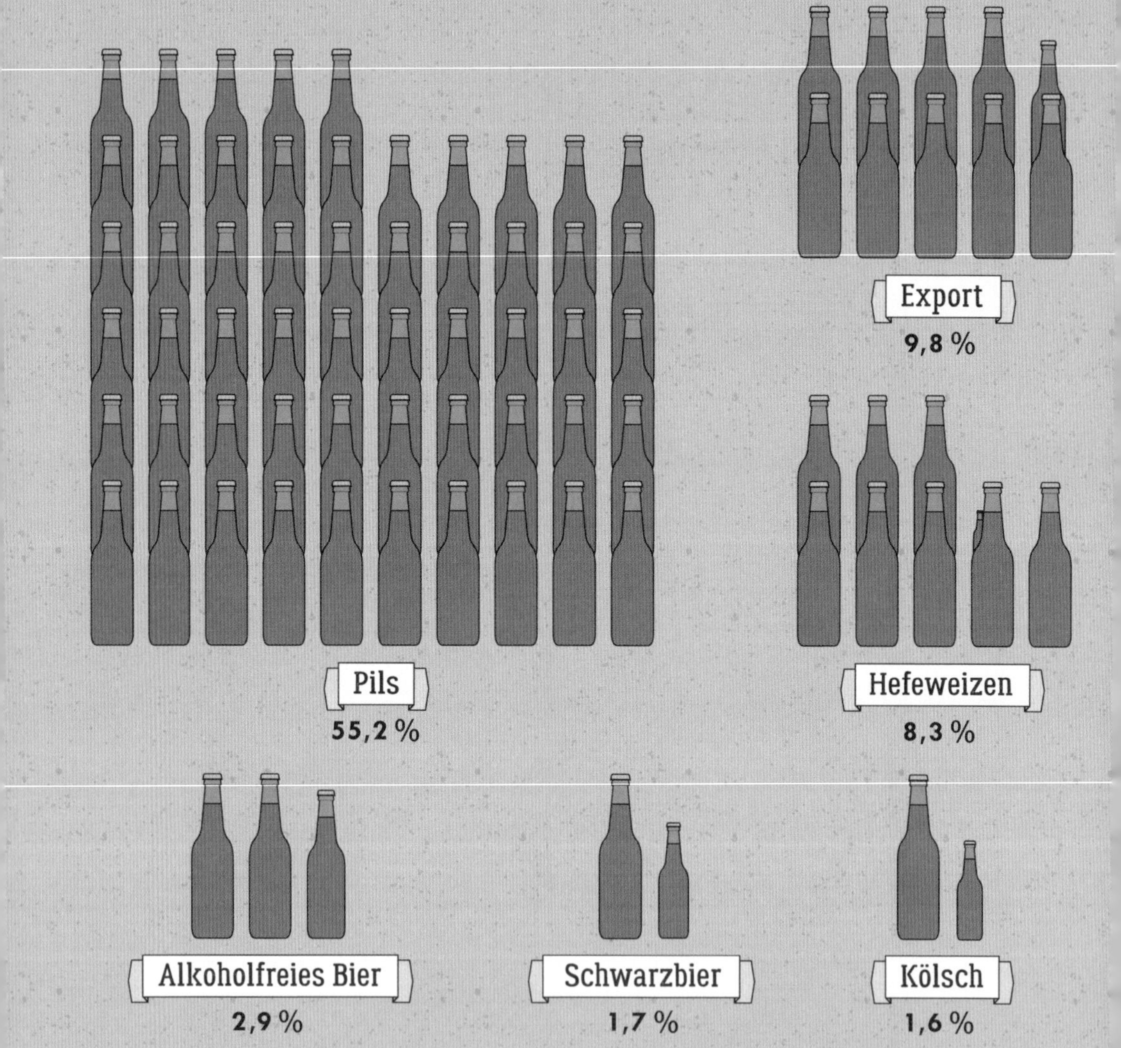

Pils
55,2 %

Export
9,8 %

Hefeweizen
8,3 %

Alkoholfreies Bier

2,9 %

Schwarzbier

1,7 %

Kölsch

1,6 %

Anteil verschiedener Biersorten auf dem deutschen Markt

Biermischgetränke

6,5 %

Andere Sorten

5,1 %

Helles

4,7 %

Altbier

1,4 %

Malzbier

1,3 %

Lagerbier

0,9 %

Bockbier

0,5 %

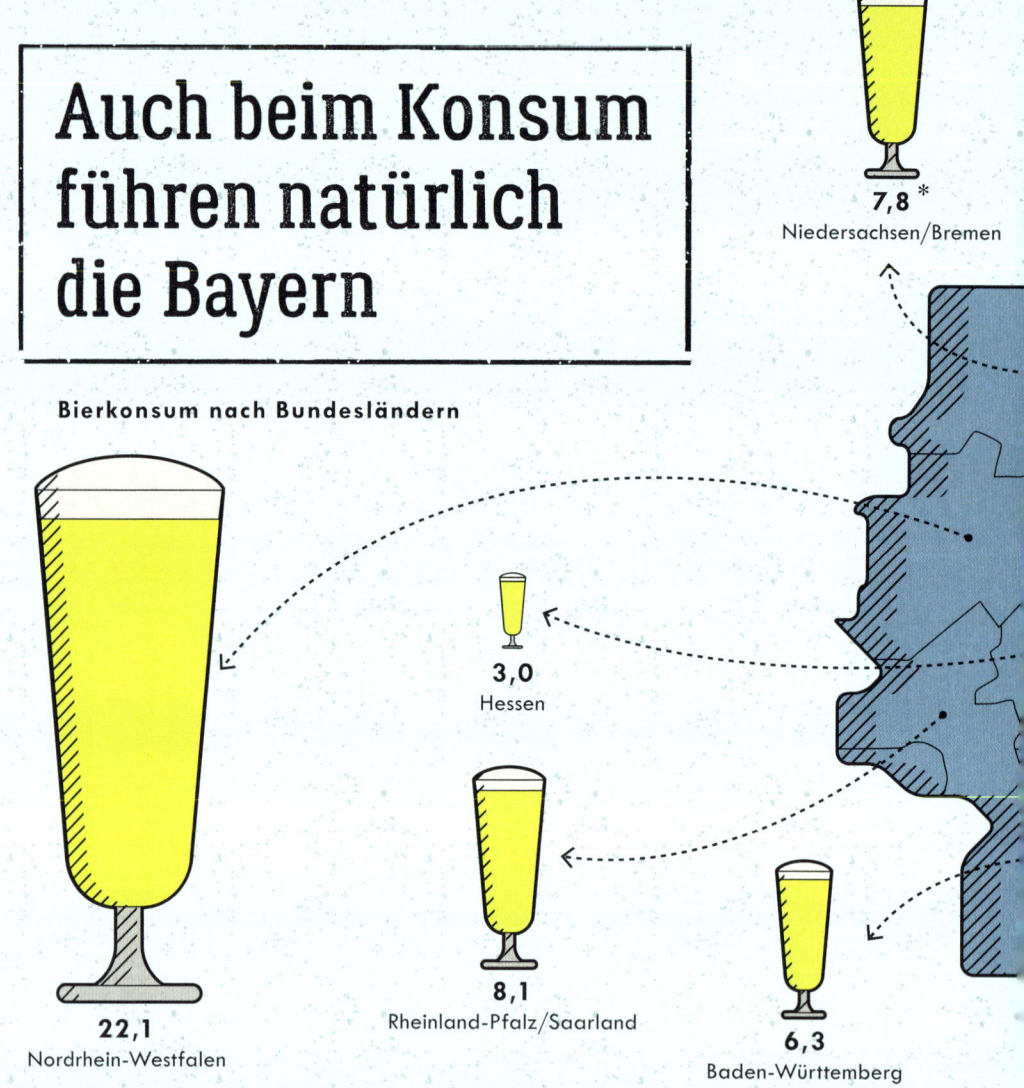

Auch beim Konsum führen natürlich die Bayern

Bierkonsum nach Bundesländern

7,8 *
Niedersachsen/Bremen

3,0
Hessen

22,1
Nordrhein-Westfalen

8,1
Rheinland-Pfalz/Saarland

6,3
Baden-Württemberg

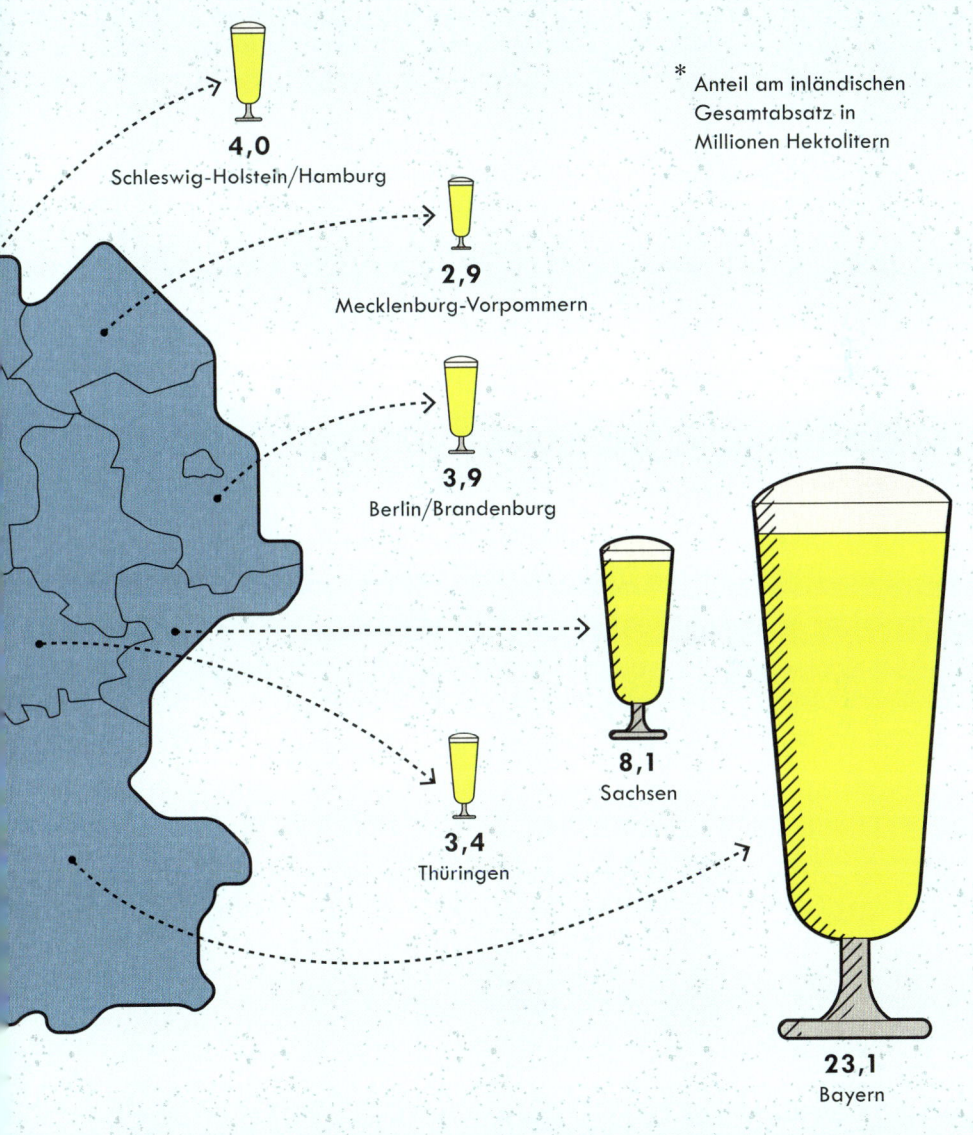

* Anteil am inländischen Gesamtabsatz in Millionen Hektolitern

4,0
Schleswig-Holstein/Hamburg

2,9
Mecklenburg-Vorpommern

3,9
Berlin/Brandenburg

3,4
Thüringen

8,1
Sachsen

23,1
Bayern

Die meistverkauften Biermarken der Erde

Ausstoß in Millionen Hektoliter:

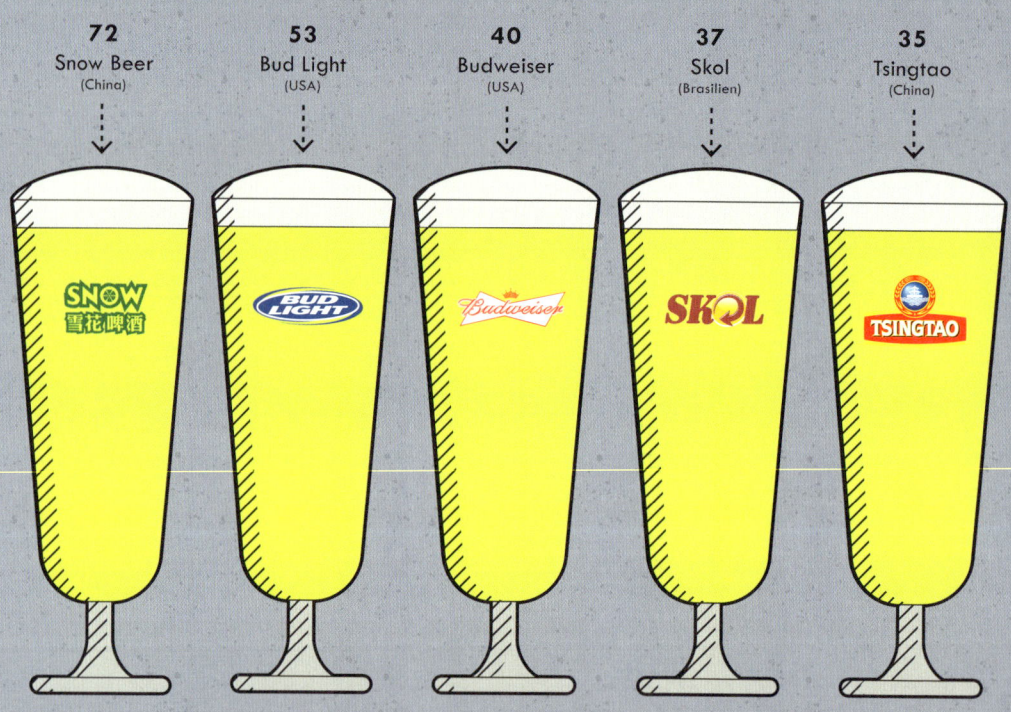

72	53	40	37	35
Snow Beer	Bud Light	Budweiser	Skol	Tsingtao
(China)	(USA)	(USA)	(Brasilien)	(China)

29
Heineken
(Niederlande)

28
Brahma
(Brasilien)

27
Coors Light
(USA)

26
Corona Extra
(Mexiko)

10
Yanjing
(China)

Welches Bier in welches Glas?

GLASKRUG
Universalbehälter
für Bier

STANGE
Eignet sich prima
für Pils- und Lagerbier

KÖLSCHSTANGE
Kölschglas

TULPE
Ideal für Pilsbier,
auch für Schwarzbier
gut geeignet

KELCH
Prima für die
kleine Bierprobe
oder für Edelbier

SCHWENKER
Gut für dunkles Bier
und Spezialbier

STEINKRUG
Universalbehälter
für Bier

BECHER
Oft im Einsatz
bei Altbier oder
auch Spezialbier

SCHALE
Für Weizenbier
und Spezialbier

WEISSBIERGLAS
Klassiker für
Weizenbier

POKAL
Wird meist für
sbier verwendet

FLÖTE
Wir kennen sie vom Sekt,
sie eignet sich auch
für leichte Edelbiere.

MASSKRUG
1 Liter
Universalbehälter
für Bier

PINT
Mit oder ohne
„Rettungsring"
der Ale-Klassiker

Ein Prosit auf den guten alten Willi

Das erfolgreichste Gefäß, in dem deutsche Biere getrunken werden, ist jedoch der „Willibecher". Er ist nach seinem Erfinder Willi Steinmeier benannt, einem Mitarbeiter der „Ruhrglas KG", der dieses Modell 1954 entwickelte.

WILLIBECHER

Eigentlich entstand die Idee aus der Not heraus, denn Glas war knapp in der Nachkriegszeit, und so schuf Steinmeier ein standfestes, aber sehr dünnes Glas.

Mit dem – ungewollten – Vorteil, dass der Willibecher nach dem Spülen schnell auskühlt und sich so ideal für die Gastronomie eignete. Deshalb verkauft er sich auch heute noch 10 Millionen Mal jährlich!

1

2

3

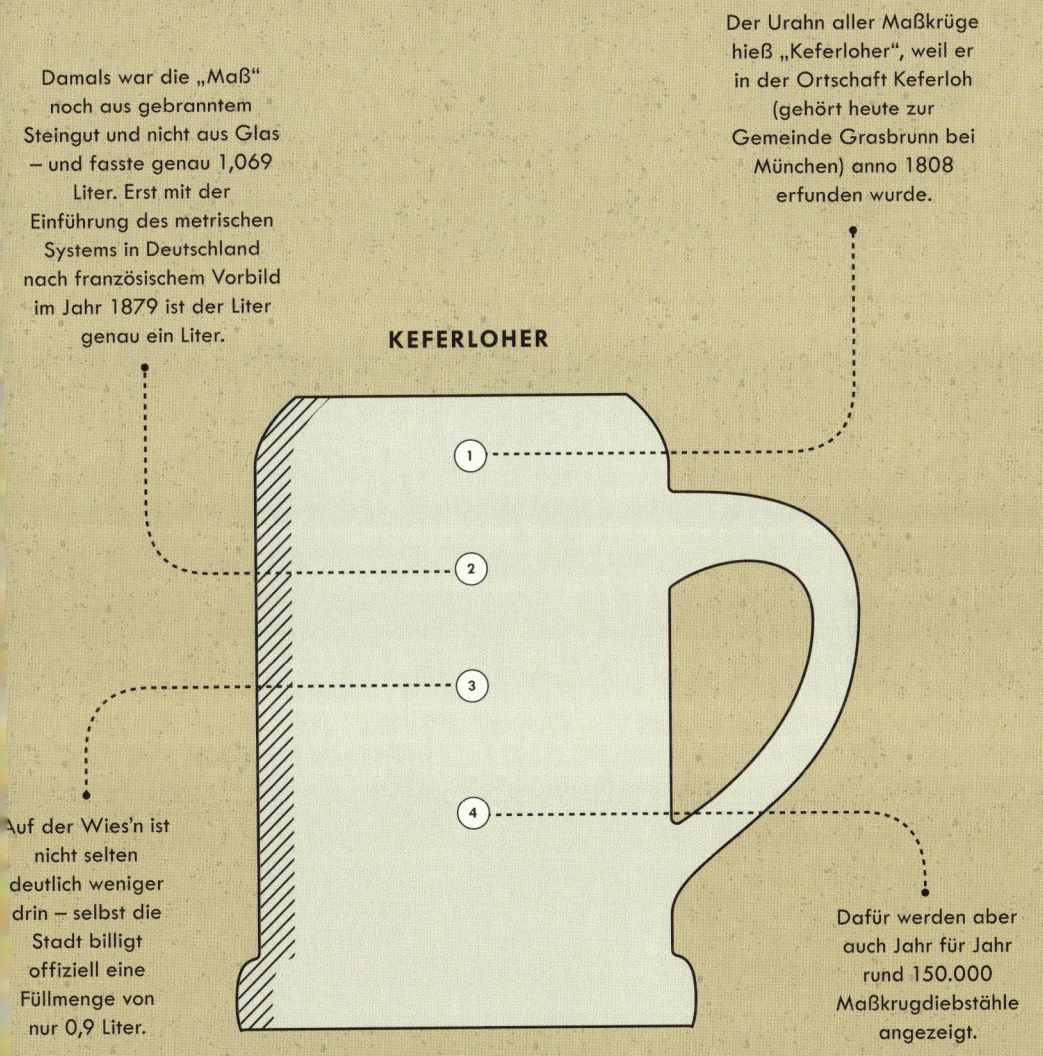

Damals war die „Maß" noch aus gebranntem Steingut und nicht aus Glas – und fasste genau 1,069 Liter. Erst mit der Einführung des metrischen Systems in Deutschland nach französischem Vorbild im Jahr 1879 ist der Liter genau ein Liter.

Der Urahn aller Maßkrüge hieß „Keferloher", weil er in der Ortschaft Keferloh (gehört heute zur Gemeinde Grasbrunn bei München) anno 1808 erfunden wurde.

KEFERLOHER

Auf der Wies'n ist nicht selten deutlich weniger drin – selbst die Stadt billigt offiziell eine Füllmenge von nur 0,9 Liter.

Dafür werden aber auch Jahr für Jahr rund 150.000 Maßkrugdiebstähle angezeigt.

Billig kann jeder

Das sind die teuersten Biere der Welt*

10° 9° 8° 7° 6°

1844 EDITION

Pabst Blue Ribbon
(USA)

PREIS
44 €

TUTANKHAMUN ALE

Tutankhamun
(Schottland)

PREIS
70 €

SINK THE BISMARCK

Bredwog
(Schottland)

PREIS
74 €

RESERVE

Crown Ambassador
(Australien)

PREIS
83 €

UTOPIA

Samuel Adam
(USA)

PREIS
140 €

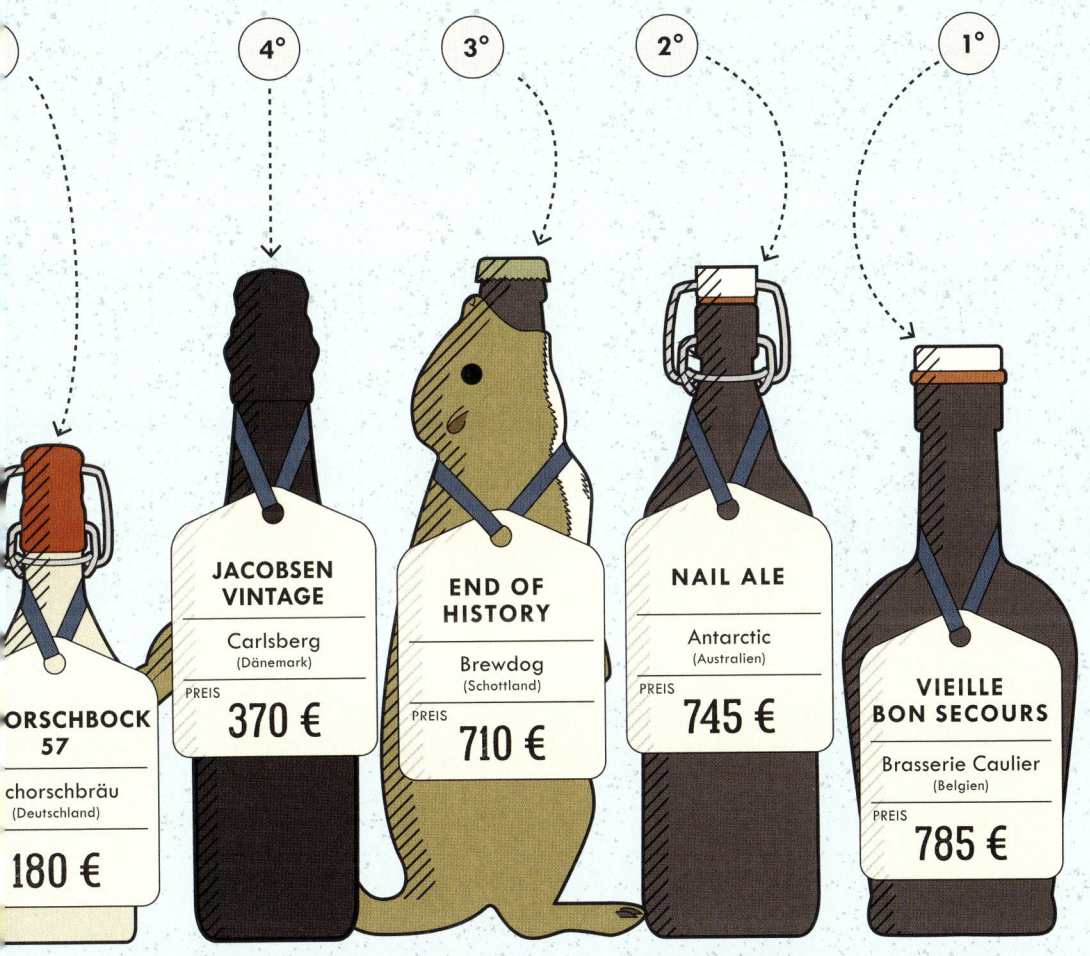

* nachweislich im Handel oder auf Auktionen
bezahlter Preis pro Einzelflasche

4°

3°

2°

1°

ORSCHBOCK 57

chorschbräu
(Deutschland)

180 €

JACOBSEN VINTAGE

Carlsberg
(Dänemark)

PREIS

370 €

END OF HISTORY

Brewdog
(Schottland)

PREIS

710 €

NAIL ALE

Antarctic
(Australien)

PREIS

745 €

VIEILLE BON SECOURS

Brasserie Caulier
(Belgien)

PREIS

785 €

Die meistverkauften Biermarken Deutschlands

5,62*
Oettinger

5,47
Krombacher

* Ausstoß in Millionen Hektolitern

3,94
Bitburger

2,53
Beck's

2,25
Hasseröder

2,53
Warsteiner

1,87
Radeberger

2,45
Paulaner

1,82
Erdinger Weißbier

2,77
Veltins

Die am meisten verbreiteten Biermarken der Erde

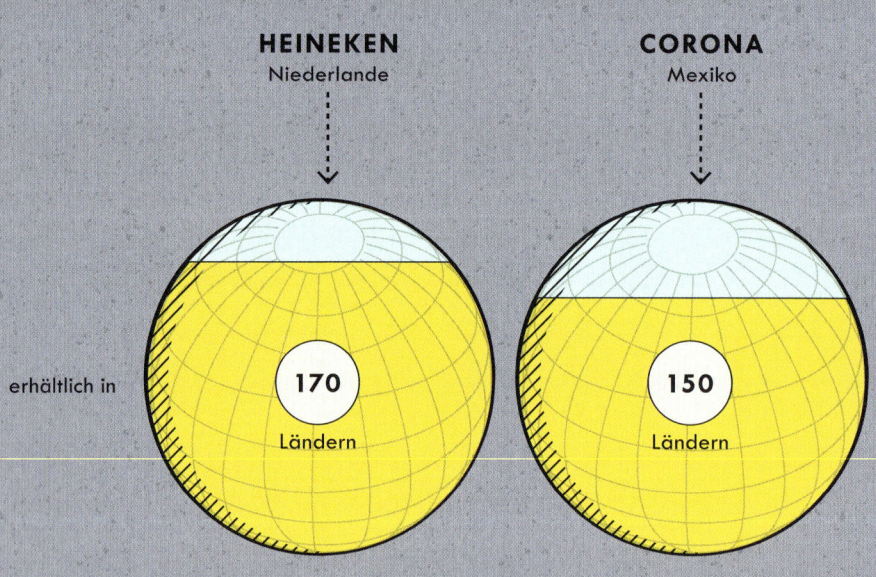

HEINEKEN
Niederlande

CORONA
Mexiko

erhältlich in

170
Ländern

150
Ländern

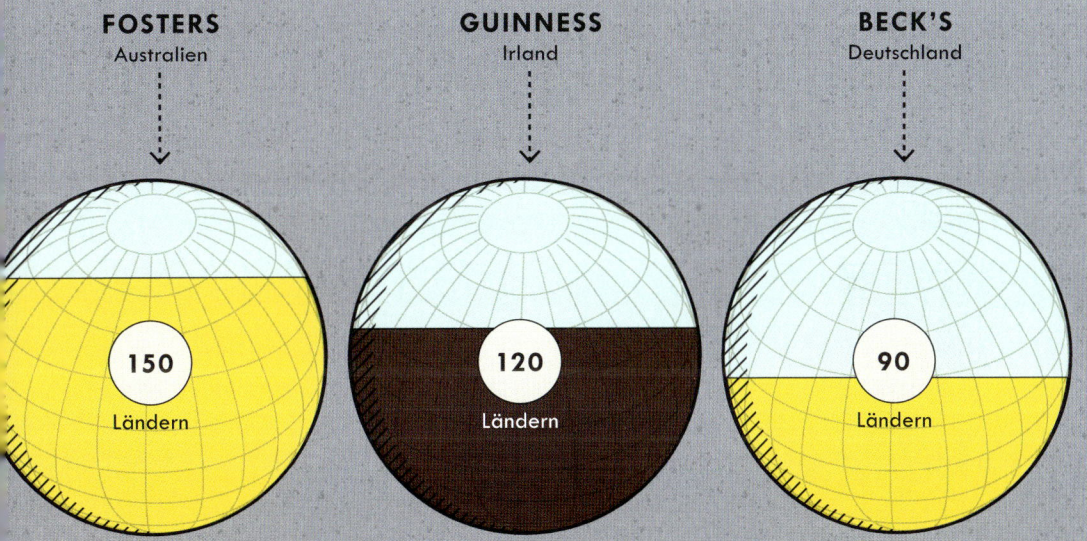

FOSTERS
Australien

GUINNESS
Irland

BECK'S
Deutschland

150
Ländern

120
Ländern

90
Ländern

Bier als Exportware

Frachtgut der ersten
deutschen Eisenbahn
1835 von Nürnberg
nach Fürth:

NÜRNBERG  FÜRTH

100
Liter „Lederer Bier"

FRACHTPREIS
6
Kreuzer

FÜR DIE GASTSTÄTTE
„ZUR EISENBAHN"

**Heutige Exportmenge Bier
aus Deutschland im Jahr:**

15.430.000.000
Liter Bier

EXPORTWERT

1,063
Milliarden Euro

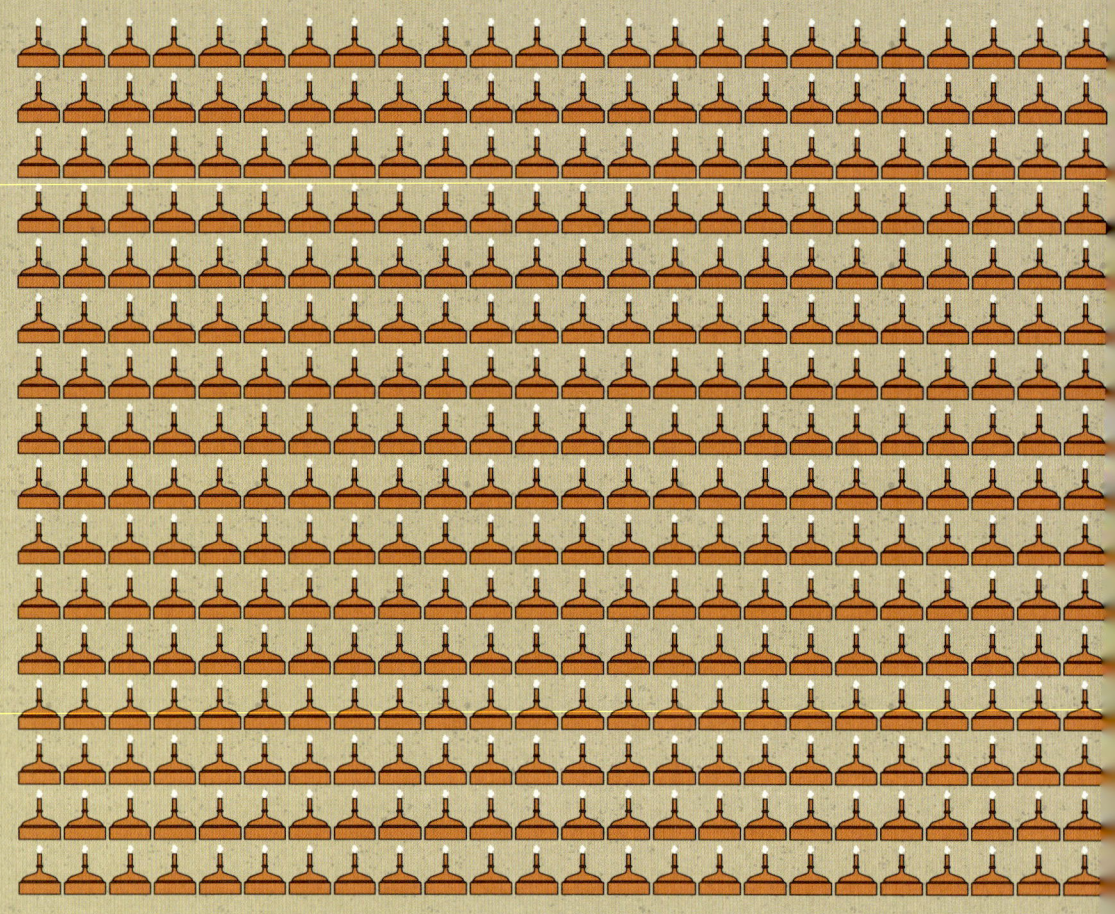

1800

40.000
Brauereien

Anzahl der Brauereien in Deutschland

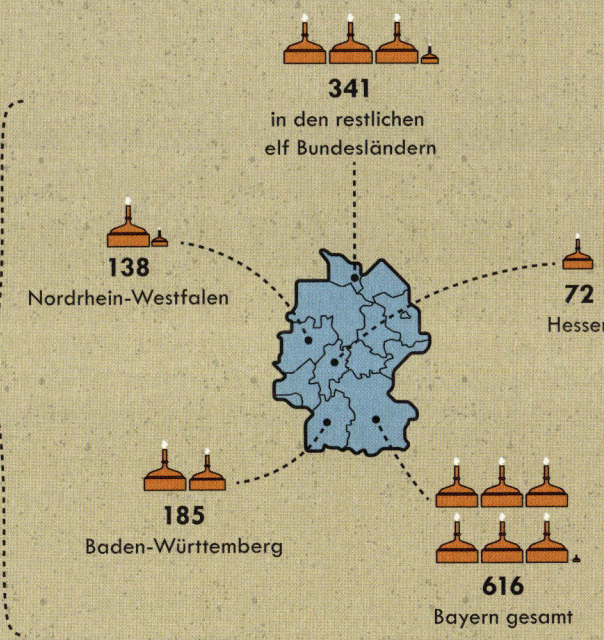

2004

1.281
Brauereien

2014

1.352
Brauereien

davon in

341
in den restlichen
elf Bundesländern

138
Nordrhein-Westfalen

72
Hessen

185
Baden-Württemberg

616
Bayern gesamt

Gesamtbierausstoß der Bundesrepublik Deutschland

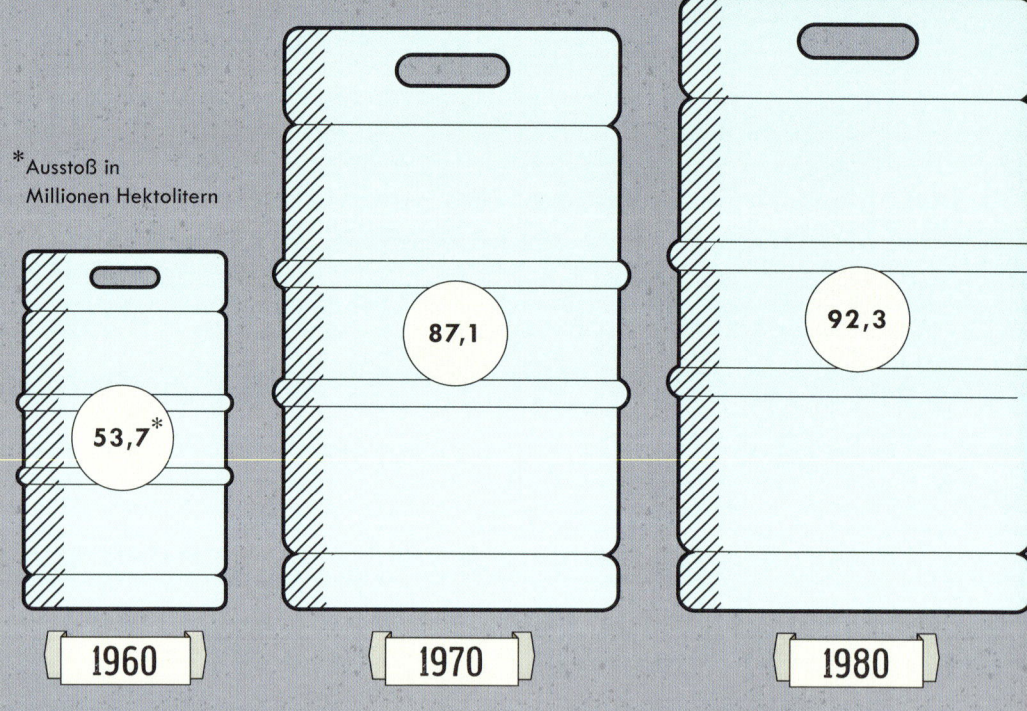

* Ausstoß in Millionen Hektolitern

53,7*

87,1

92,3

1960

1970

1980

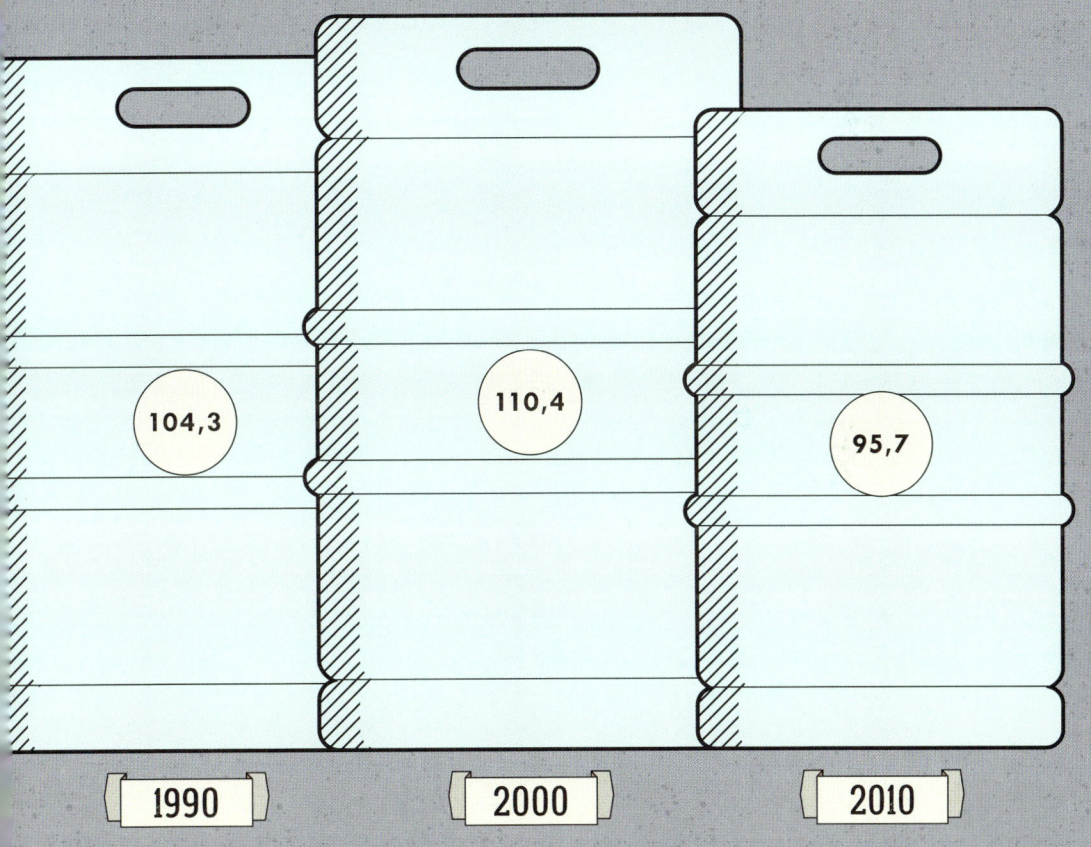

1990   104,3

2000   110,4

2010   95,7

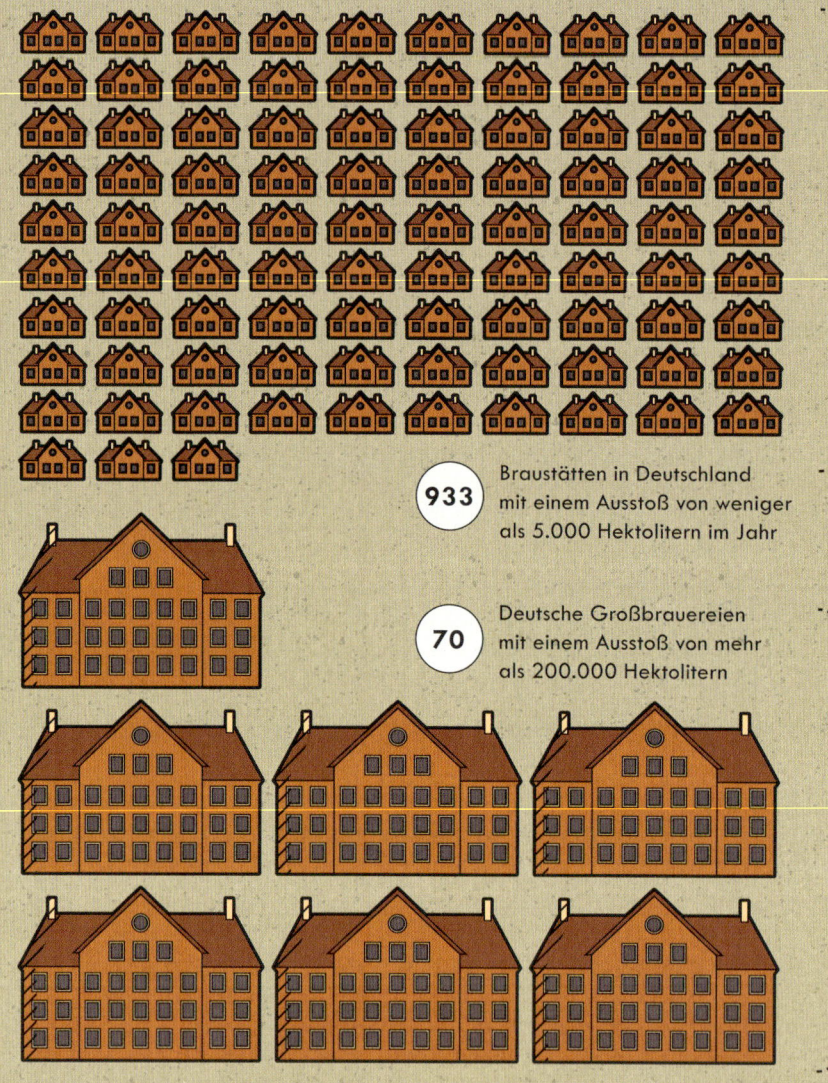

933 Braustätten in Deutschland mit einem Ausstoß von weniger als 5.000 Hektolitern im Jahr

70 Deutsche Großbrauereien mit einem Ausstoß von mehr als 200.000 Hektolitern

Konzentration am deutschen Biermarkt

16 %
Marktanteil

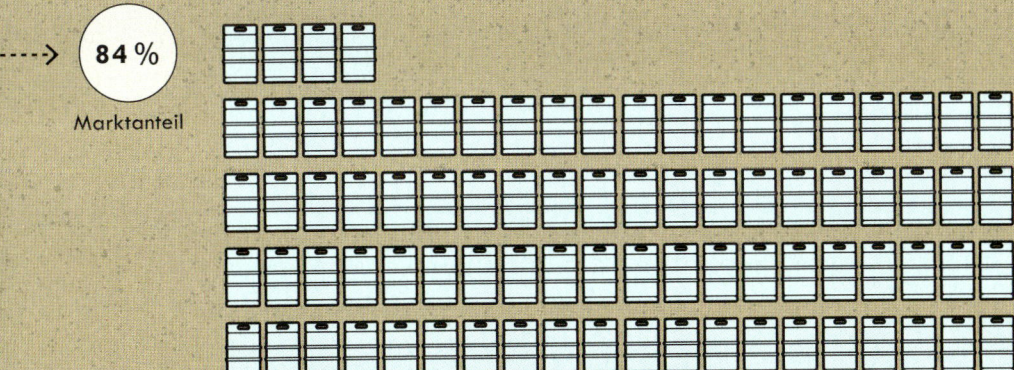

84 %
Marktanteil

Angebot – und Nachfrage?

Tokio

Anzahl der Einwohne
auf die in Tokio (Jap
eine Brauerei kommt:
3.000.000

Aufseß

Anzahl der Einwohner,
auf die in Aufseß (Oberfranken)
eine Brauerei kommt:
450

München

Anzahl der Einwohner,
auf die in München (Bayern)
eine Brauerei kommt:
138.000

New York

Anzahl der Einwohner,
auf die in New York (USA)
eine Brauerei kommt:
4.200.000

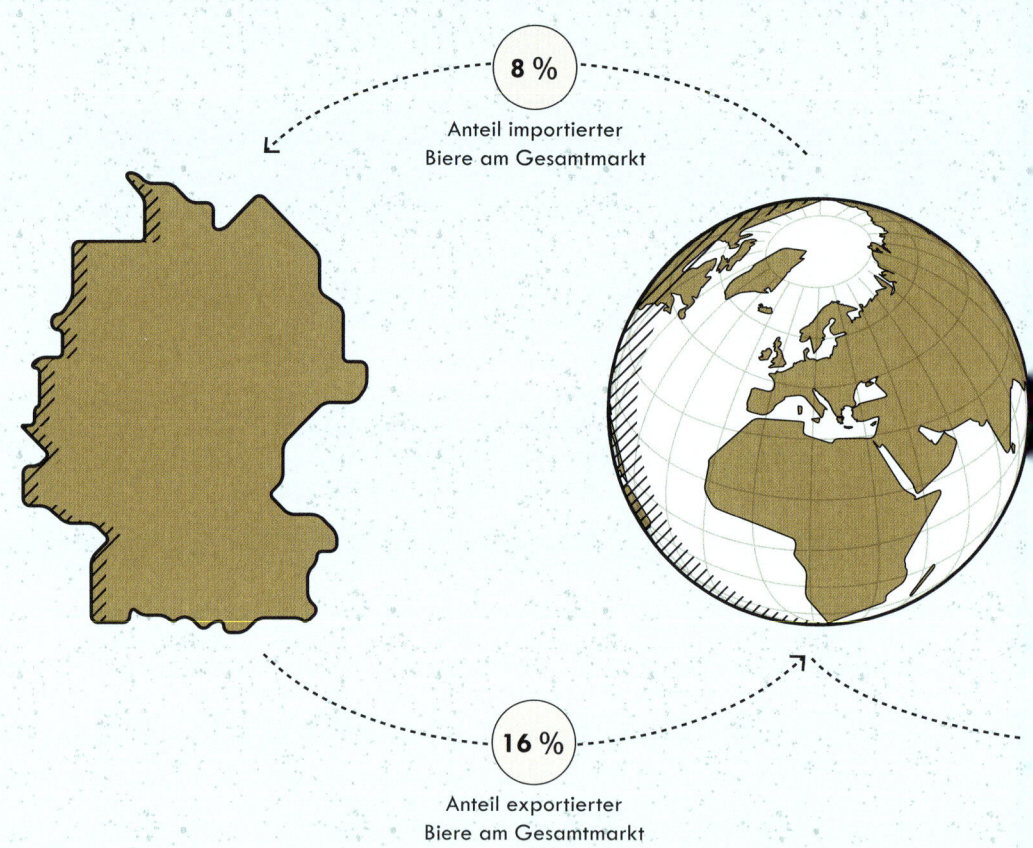

8 %

Anteil importierter
Biere am Gesamtmarkt

16 %

Anteil exportierter
Biere am Gesamtmarkt

Deutsches Bier in alle Welt

Wer unsere Brauspezialitäten genießt

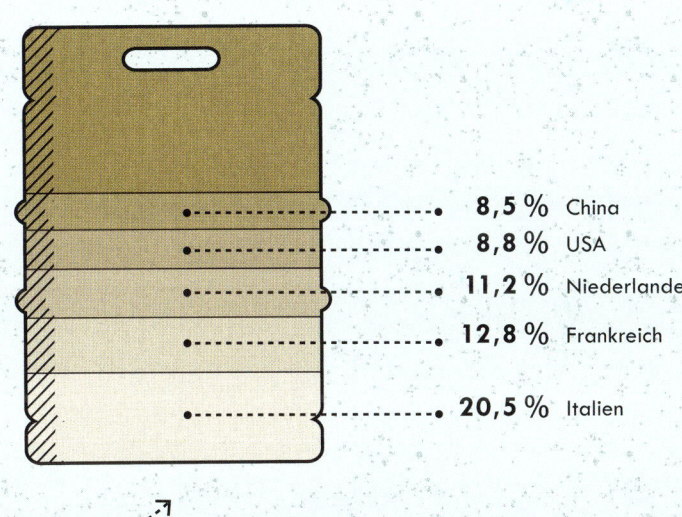

8,5 % China

8,8 % USA

11,2 % Niederlande

12,8 % Frankreich

20,5 % Italien

davon gehen nach

Das Bier – ein Weltgetränk!

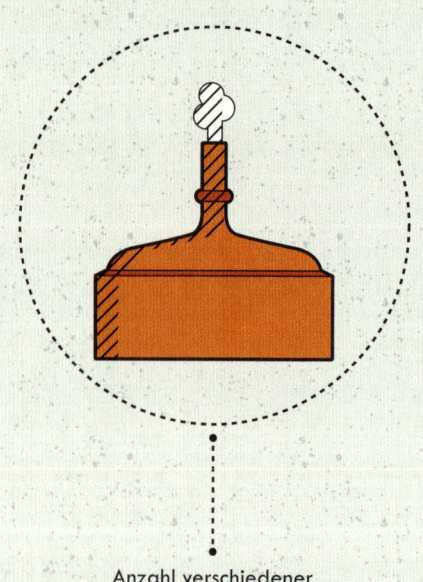

Anzahl verschiedener
Brauereien weltweit
ca. 15.000

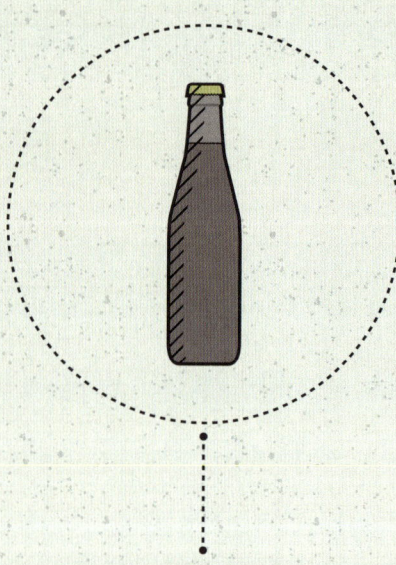

Anzahl bekannter
Biersorten weltweit
100

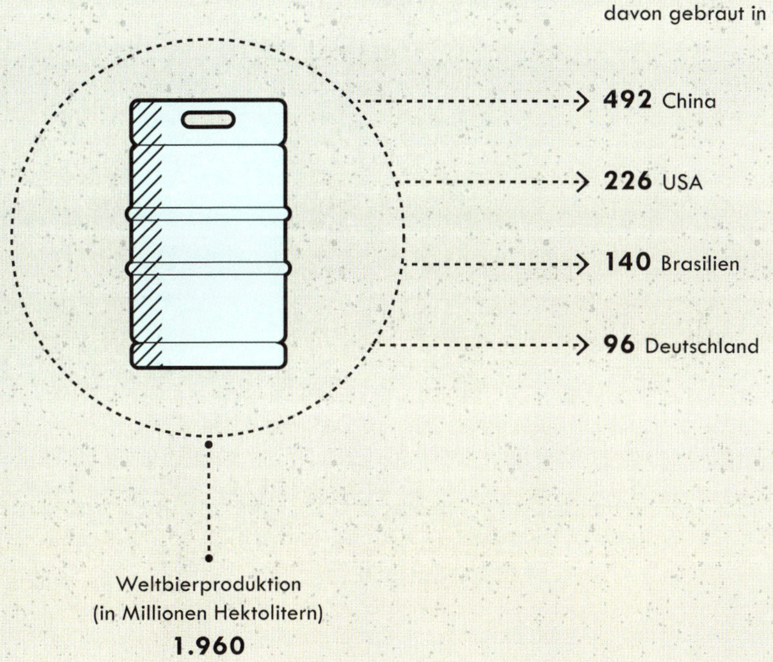

davon gebraut in

→ **492** China

→ **226** USA

→ **140** Brasilien

→ **96** Deutschland

Weltbierproduktion
(in Millionen Hektolitern)
1.960

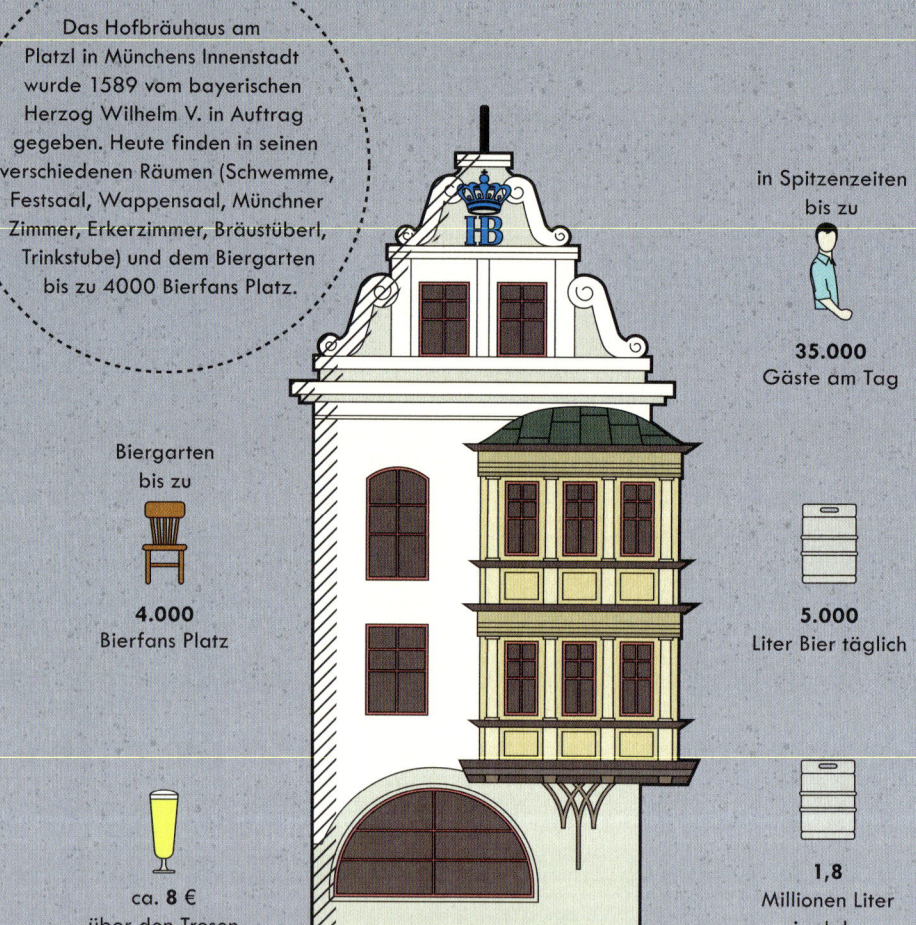

Das Hofbräuhaus am Platzl in Münchens Innenstadt wurde 1589 vom bayerischen Herzog Wilhelm V. in Auftrag gegeben. Heute finden in seinen verschiedenen Räumen (Schwemme, Festsaal, Wappensaal, Münchner Zimmer, Erkerzimmer, Bräustüberl, Trinkstube) und dem Biergarten bis zu 4000 Bierfans Platz.

in Spitzenzeiten
bis zu

35.000
Gäste am Tag

Biergarten
bis zu

4.000
Bierfans Platz

5.000
Liter Bier täglich

ca. **8 €**
über den Tresen

1,8
Millionen Liter
im Jahr

In München steht ein Hofbräuhaus ... – und achtmal sieht es anders aus!

In Spitzenzeiten sind es bis zu 35.000 Gäste am Tag.
Im Schnitt gehen rund 1,8 Millionen Liter im Jahr über den Tresen.
Zum Glück braut die Staatsbrauerei aber

330.000 Hektoliter per anno, so bleibt genug übrig für die Hofbrauhäuser in

Chicago
650   ca. 10 €

Cleveland
1.650   ca. 9 €

Columbus
1.000   ca. 9 €

Jiangyin
500   ca. 11 €

Las Vegas
800   ca. 11 €

Newport
650   ca. 9 €

Pittsburgh
900   ca. 9 €

Schanghai
780   ca. 13 €

*nur offizielle Franchisenehmer

Gemeinsam trinkt sich's doppelt schön!

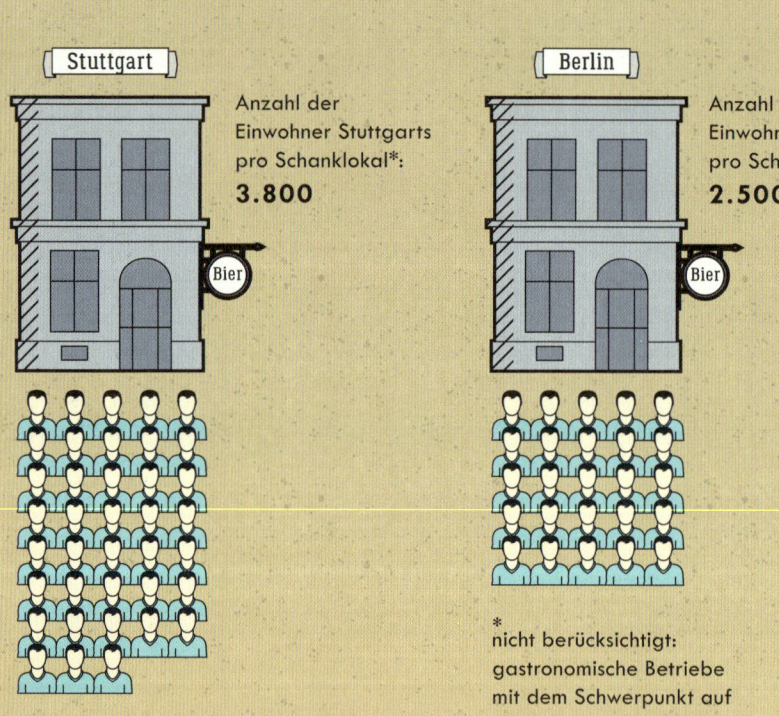

Stuttgart

Anzahl der Einwohner Stuttgarts pro Schanklokal*:
3.800

Berlin

Anzahl der Einwohner Berlins pro Schanklokal:
2.500

Bier

* nicht berücksichtigt: gastronomische Betriebe mit dem Schwerpunkt auf Speiseverkauf sowie Cafés

Düsseldorf

Anzahl der
Einwohner Düsseldorfs
pro Schanklokal:
1.100

Bochum

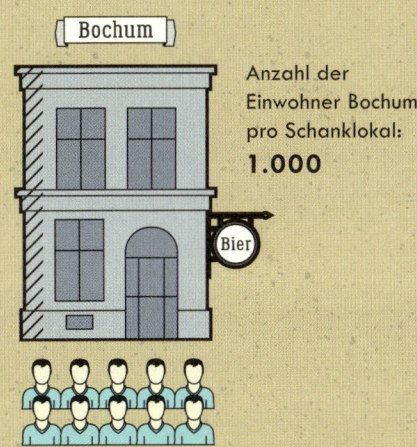

Anzahl der
Einwohner Bochums
pro Schanklokal:
1.000

Irland

Anzahl der
Einwohner Irlands
pro Schanklokal:
317

Höchster Bierkonsum bei der volljährigen Bevölkerung

umgerechnet in Flaschen pro Jahr

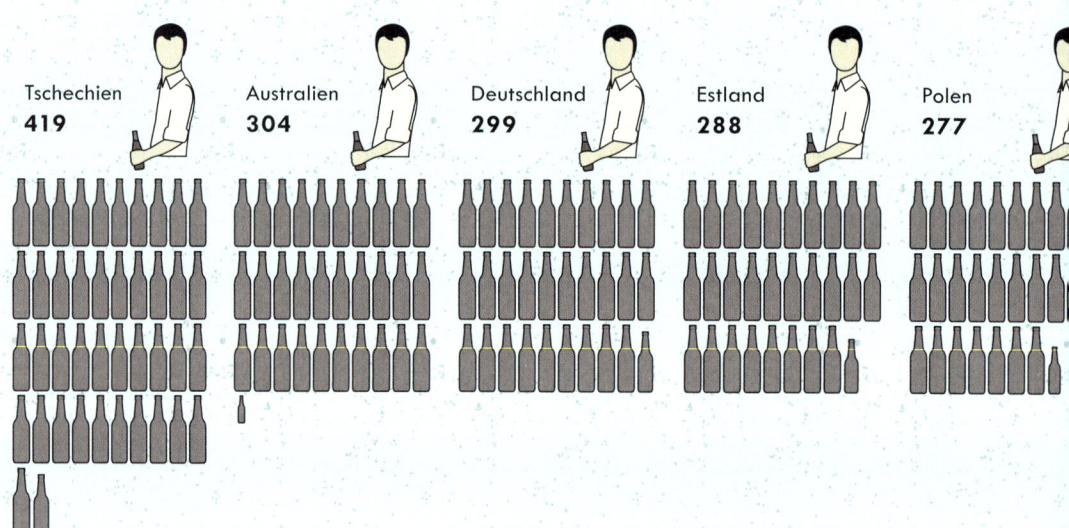

Tschechien
419

Australien
304

Deutschland
299

Estland
288

Polen
277

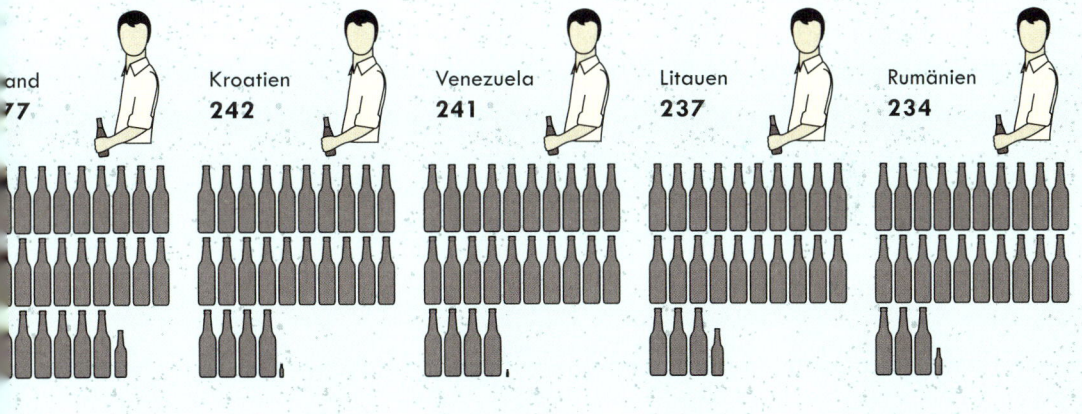

...and
...77

Kroatien
242

Venezuela
241

Litauen
237

Rumänien
234

Der Bierpreis ausgewählter Länder

im weltweiten Vergleich –
so viel kostet durchschnittlich
ein Glas Bier (0,3 Liter)

9,81 Euro
Norwegen

10,08 Euro
Grönland

0,63 Euro
Panama

2,30 Euro
Tunesien

0,55 Euro
Ruanda

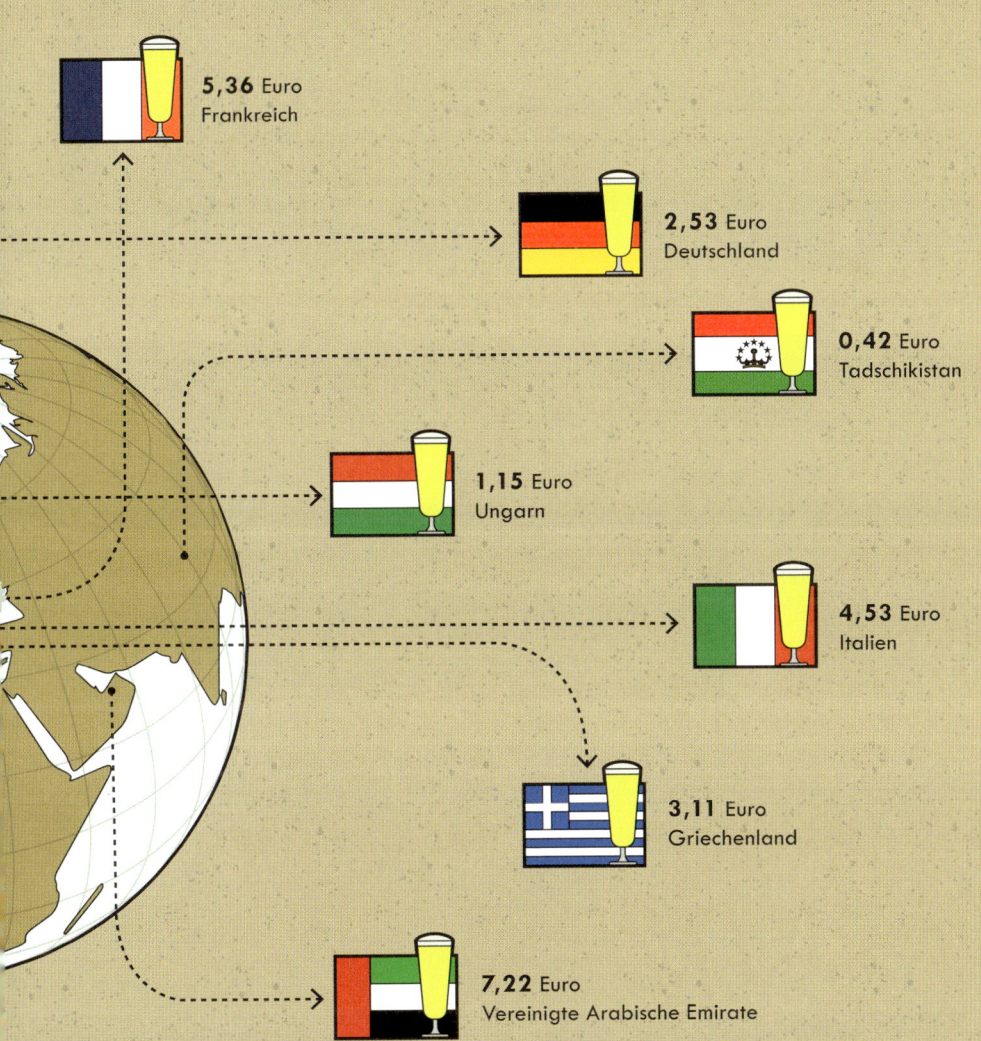

5,36 Euro
Frankreich

2,53 Euro
Deutschland

0,42 Euro
Tadschikistan

1,15 Euro
Ungarn

4,53 Euro
Italien

3,11 Euro
Griechenland

7,22 Euro
Vereinigte Arabische Emirate

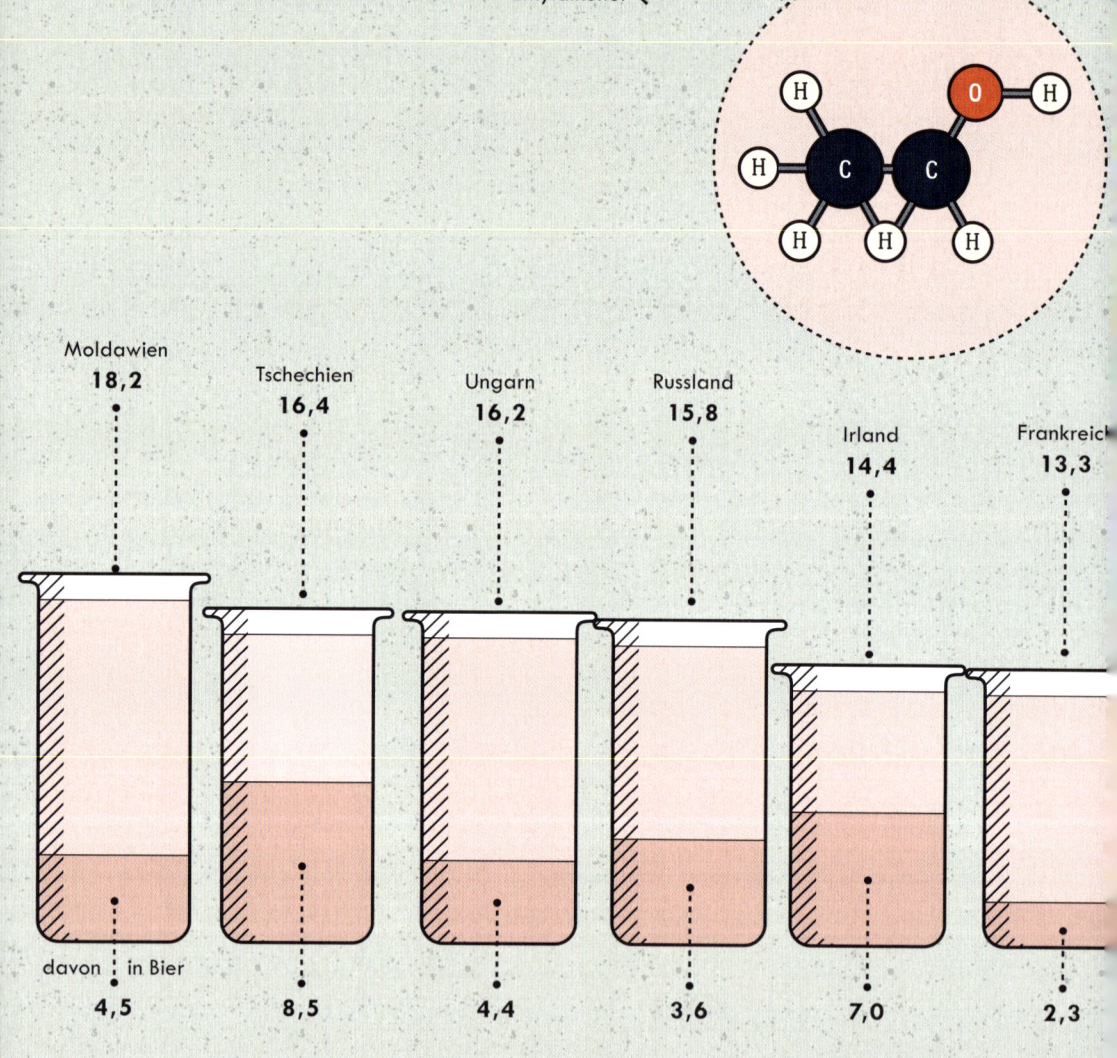

Ethylalkohol

H   O   H

H   C   C

H   H   H

Moldawien
18,2

Tschechien
16,4

Ungarn
16,2

Russland
15,8

Irland
14,4

Frankreich
13,3

davon   in Bier

4,5   **8,5**   **4,4**   **3,6**   **7,0**   **2,3**

Pro-Kopf-Konsum von reinem Alkohol

Quelle: WHO, Bevölkerung ab 15 Jahre, ausgewählte Nationen in Litern

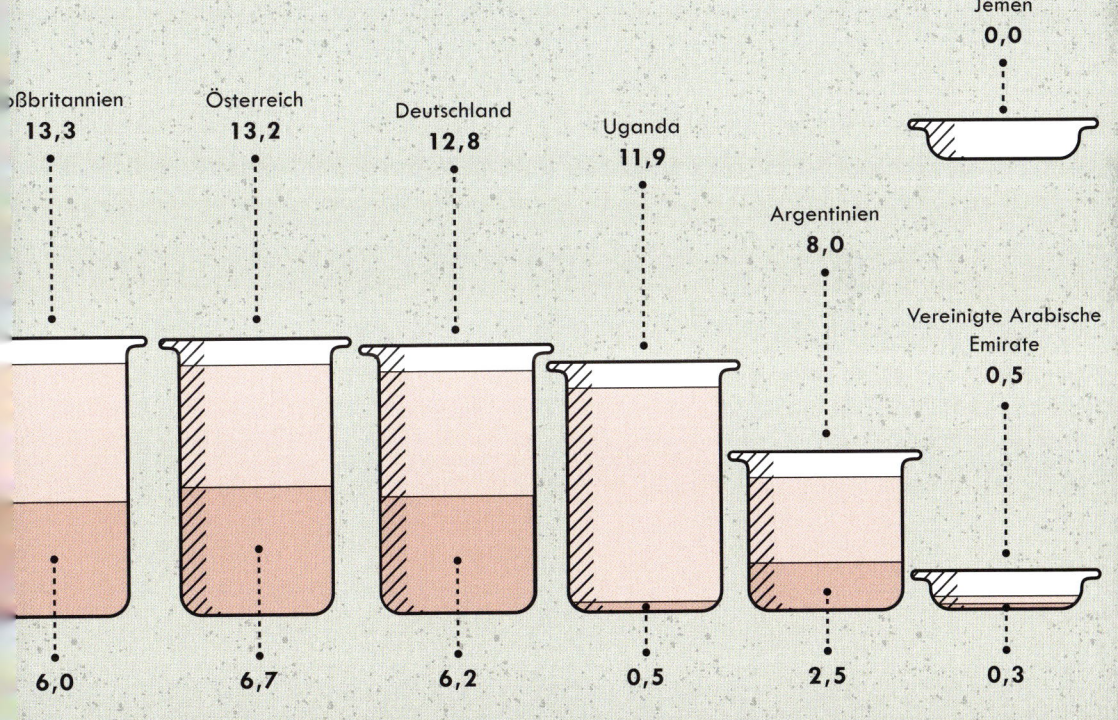

Großbritannien	Österreich	Deutschland	Uganda	Argentinien	Jemen	Vereinigte Arabische Emirate
13,3	13,2	12,8	11,9	8,0	0,0	0,5
6,0	6,7	6,2	0,5	2,5		0,3

Bier ist unter den Getränken das nützlichste

„Bier ist unter den Getränken das nützlichste, unter den Arzneien das schmackhafteste und unter den Nahrungsmitteln das angenehmste." *Plutarch, um 100 n. Chr.*

Unbedenkliche Menge Alkohol pro Tag laut Weltgesundheitsorganisation WHO

40 Gramm

bei Männern

20 Gramm

bei Frauen

Durchschnittliche Menge Alkohol in einem ...

20 Gramm	19 Gramm	17,5 Gramm	17 Gramm	6 Gramm	2 Gramm
...ben Liter Bier	Cocktail (0,2 Liter, z.B. Planters Punch)	Glas Rotwein	Glas Weißwein	Tequila 2 cl	alkoholfreien Bier

Unbedenkliche Menge Alkohol pro Tag laut ...

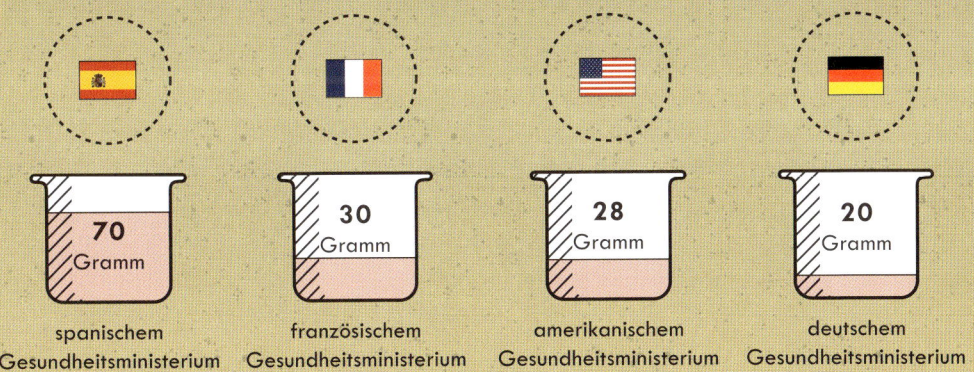

70 Gramm	30 Gramm	28 Gramm	20 Gramm
spanischem Gesundheitsministerium	französischem Gesundheitsministerium	amerikanischem Gesundheitsministerium	deutschem Gesundheitsministerium

Was wir am liebsten trinken

**Getränkeverbrauch in Deutschland
je Einwohner und Liter**

4,0 — Sekt

5,5 — Spirituosen

21,1 — Wein

33,0 — Fruchtsaft

80,3 — Tee

,3

Milch

106,6

Bier

125,5

Erfrischungs-
getränke

145,1

Wasser

165,0

Kaffee

Der Beweis: Bier kann gar nicht dick machen!

Kalorien pro 100 ml bei
unterschiedlichen Biersorten:

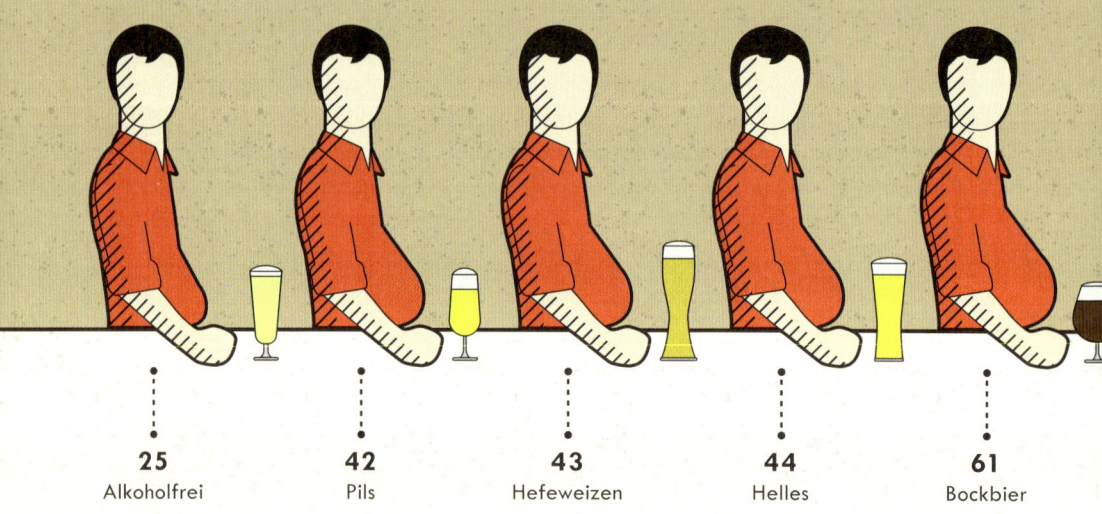

25
Alkoholfrei

42
Pils

43
Hefeweizen

44
Helles

61
Bockbier

Kalorien pro 100 ml bei
anderen Getränken:

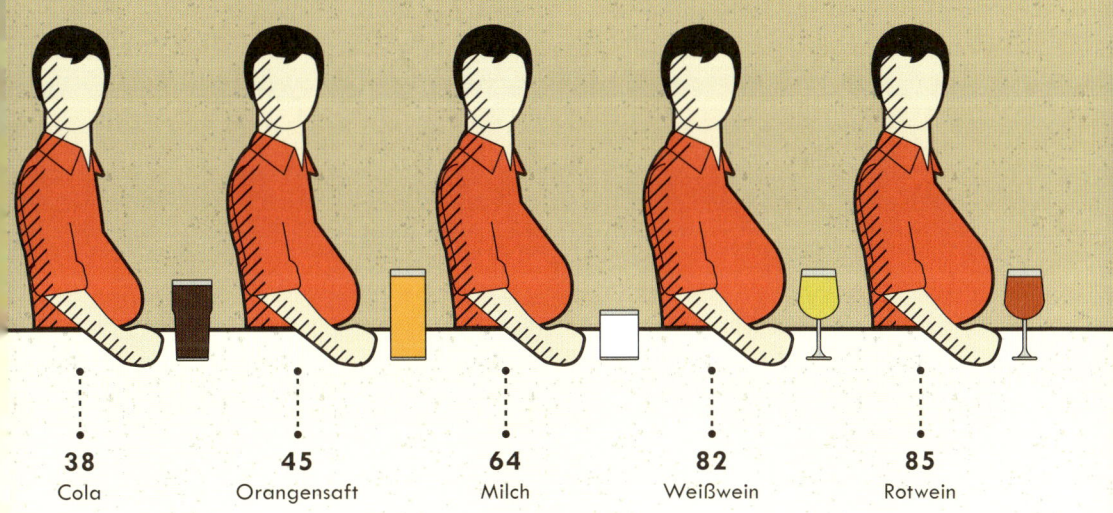

38
Cola

45
Orangensaft

64
Milch

82
Weißwein

85
Rotwein

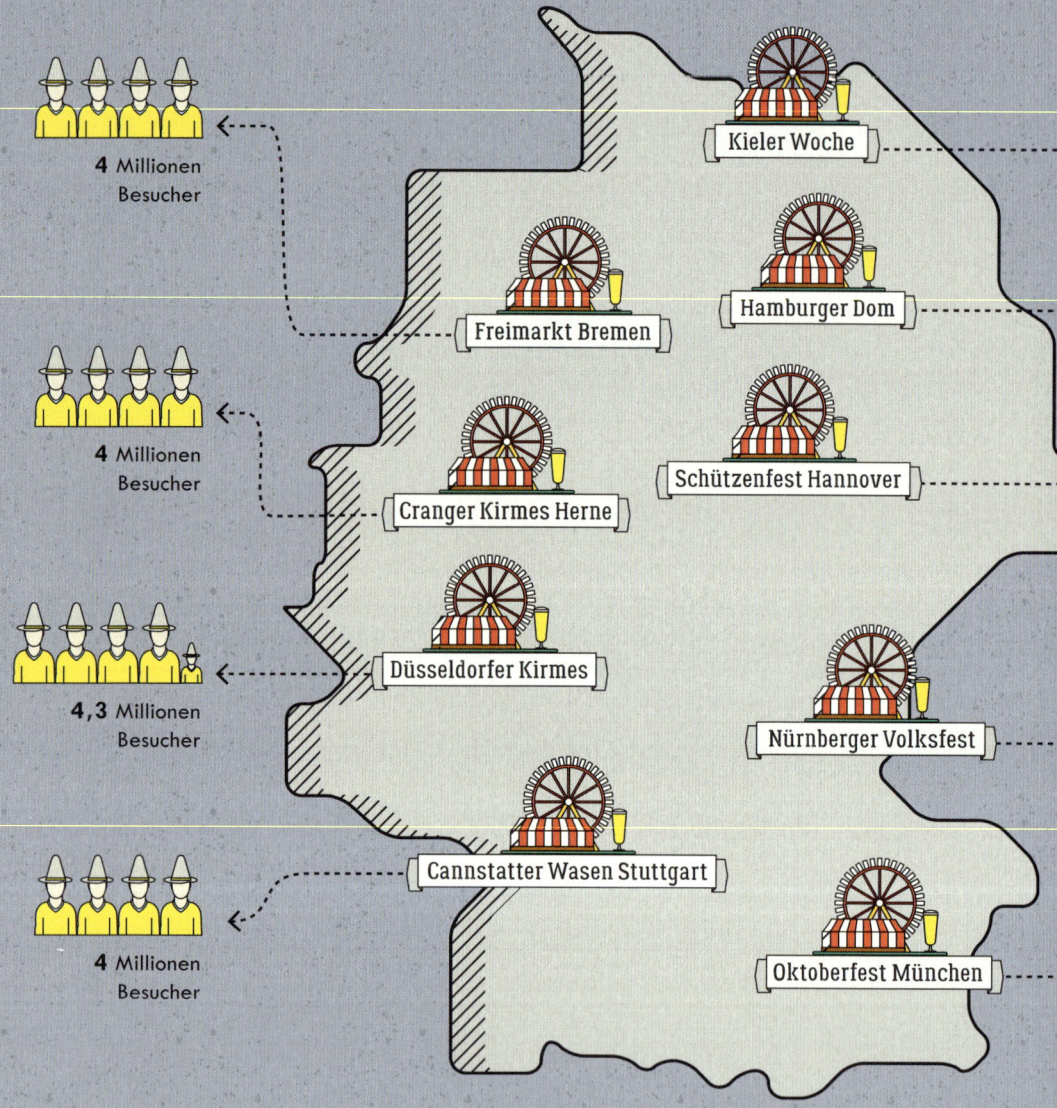

4 Millionen Besucher

4 Millionen Besucher

4,3 Millionen Besucher

4 Millionen Besucher

Kieler Woche

Freimarkt Bremen

Hamburger Dom

Cranger Kirmes Herne

Schützenfest Hannover

Düsseldorfer Kirmes

Nürnberger Volksfest

Cannstatter Wasen Stuttgart

Oktoberfest München

3 Millionen
Besucher

4 Millionen
Besucher

1,5 Millionen
Besucher

1,9 Millionen
Besucher

6 Millionen
Besucher

Bier in Zelten: die größten Volksfeste Deutschlands

Bierpreisentwicklung auf dem Oktoberfest

jeweils billigster Preis pro Maß in Euro

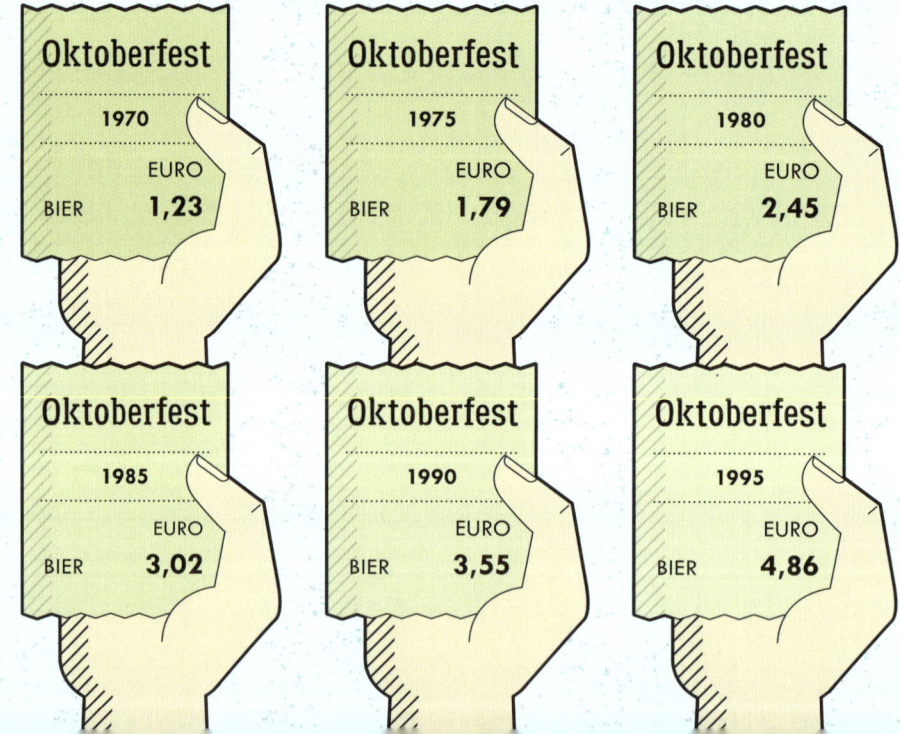

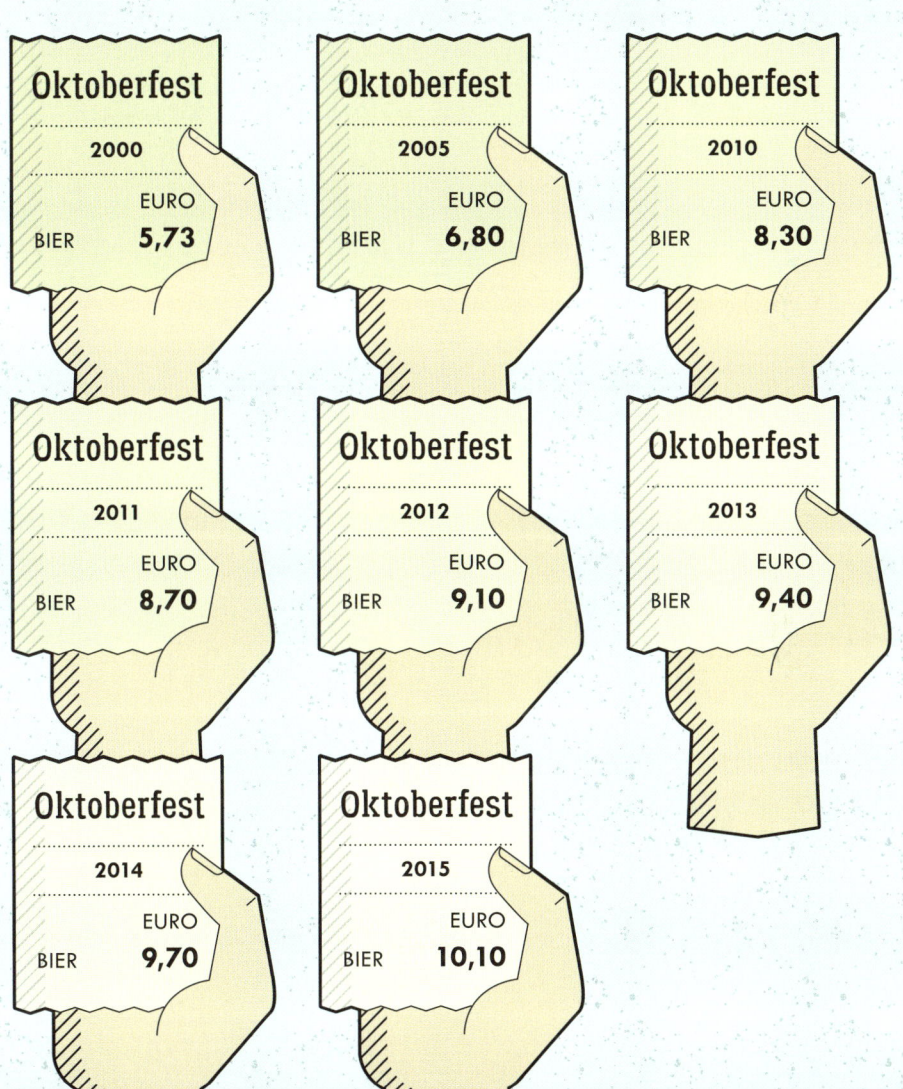

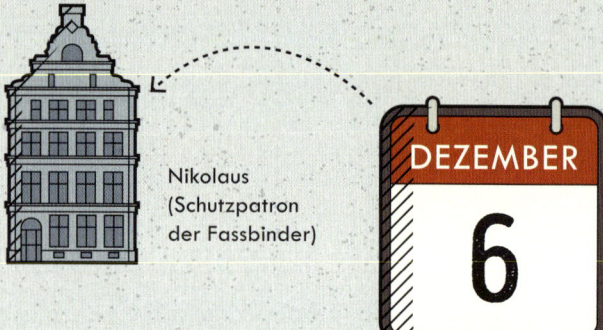

Nikolaus
(Schutzpatron
der Fassbinder)

DEZEMBER

6

SEPTEMBER

6

Gedenktag des
heiligen Magnus
(Schutzpatron der
Hopfenbauern)

AUGUST

**Erster
Freitag**

Welttag des Bieres
(2007 ins Leben gerufen von
amerikanischen Bierfans)

Bierige Feiertage

APRIL 23

Tag des Deutschen Bieres
(Das Reinheitsgebot
wurde am 23. April 1516
in Ingolstadt beschlossen)

MAI 4

Gedenktag des
heiligen Florian
(Schutzpatron
der Brauer)

JUNI 15

Gedenktag des
heiligen Vitus
(Schutzpatron der
Gerstenbauern)

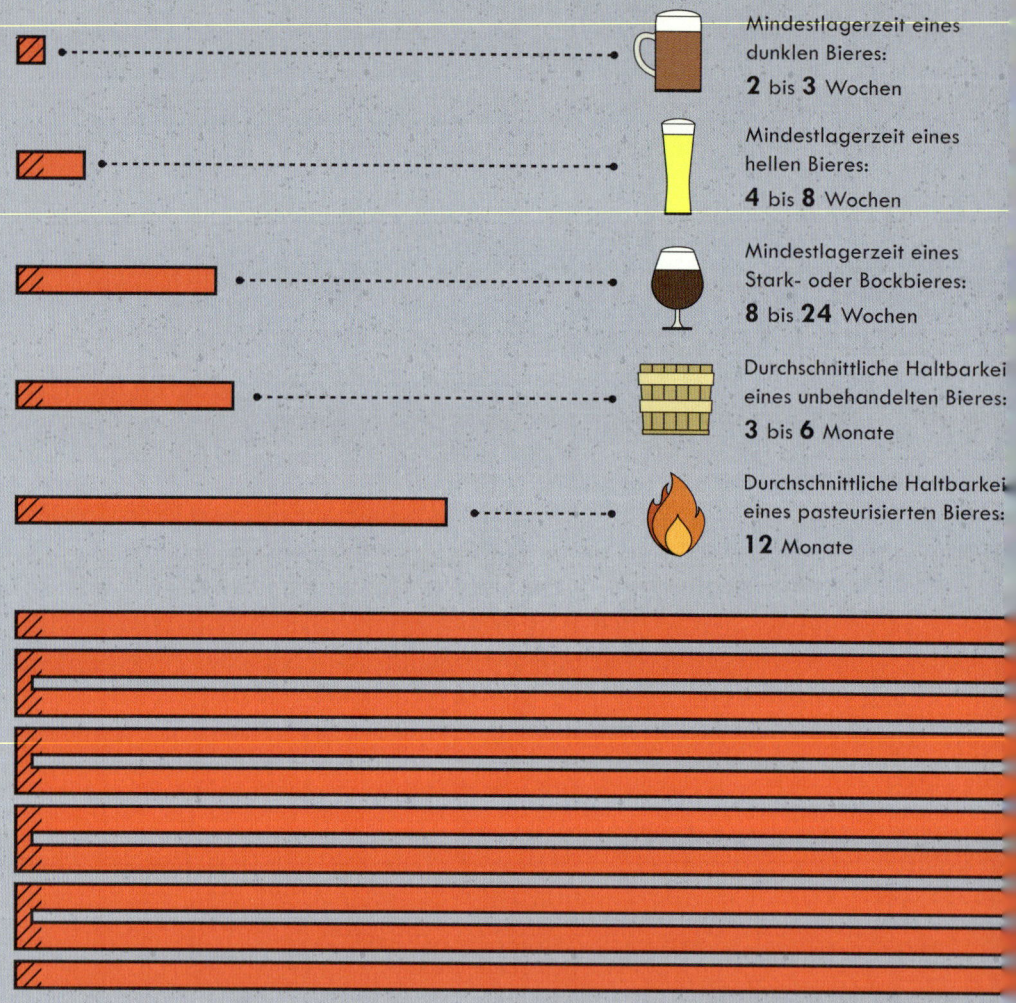

Mindestlagerzeit eines dunklen Bieres:
2 bis **3** Wochen

Mindestlagerzeit eines hellen Bieres:
4 bis **8** Wochen

Mindestlagerzeit eines Stark- oder Bockbieres:
8 bis **24** Wochen

Durchschnittliche Haltbarkeit eines unbehandelten Bieres:
3 bis **6** Monate

Durchschnittliche Haltbarkeit eines pasteurisierten Bieres:
12 Monate

Durchschnittliche Haltbarkeit
eines Bieres der
„Carlsberg Vintage"-Serie:
50 Jahre

Gut Ding will Weile haben

**So lange kann Bier lagern,
bevor es im Glas landet**

Trinken für Genießer – wonach Bier alles schmecken kann

Bekannte unterschiedliche,
erwünschte Aromen
im Wein:

Maximale Anzahl
bekannter Inhaltsstoffe
im Wein:

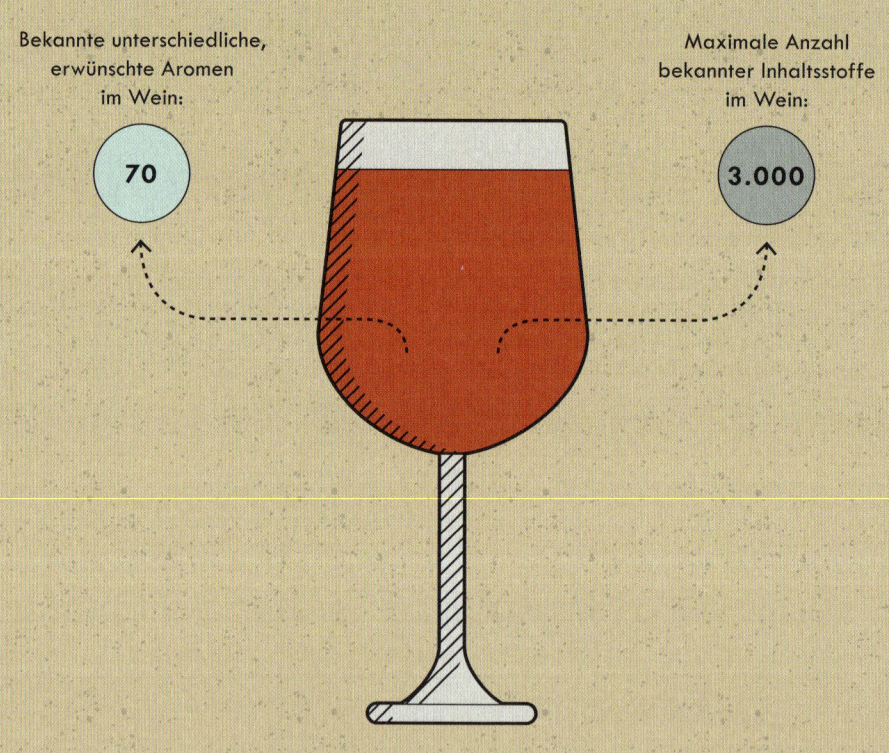

70

3.000

Bekannte unterschiedliche,
erwünschte Aromen
im Bier:

140

Maximale Anzahl
bekannter Inhaltsstoffe
im Bier:

8.000

Darunter:
Ananas, Anis,
Apfel, Banane,
Geranien, Gras,
Heu, Jasmin, Karamell,
Mandel, Mango,
Marzipan, Nelke,
Piment, Räucherschinken,
Rosenblüten, Schwarze
Johannisbeere,
Teeblätter, Vanille,
Zitrone

Anzahl der ausgebildeten
Biersommeliers
in Deutschland:

800

Kosten für einen
zweiwöchigen
Sommelierkurs in Euro:

6.000

Nie zu kalt – und schon gar nicht zu warm

**Die optimale Trinktemperatur
für unser Bier**

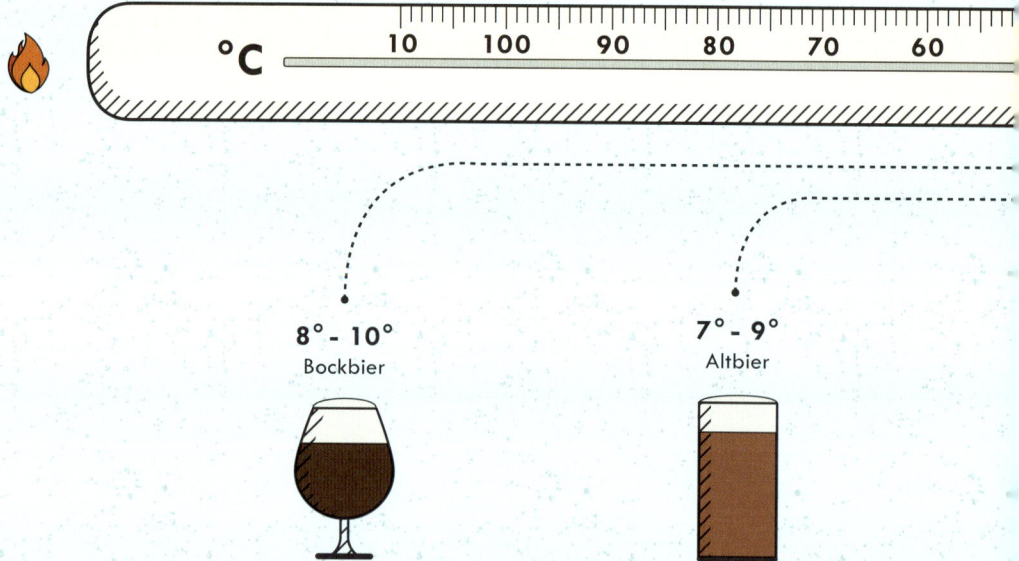

°C

10 · 100 · 90 · 80 · 70 · 60

8° - 10°
Bockbier

7° - 9°
Altbier

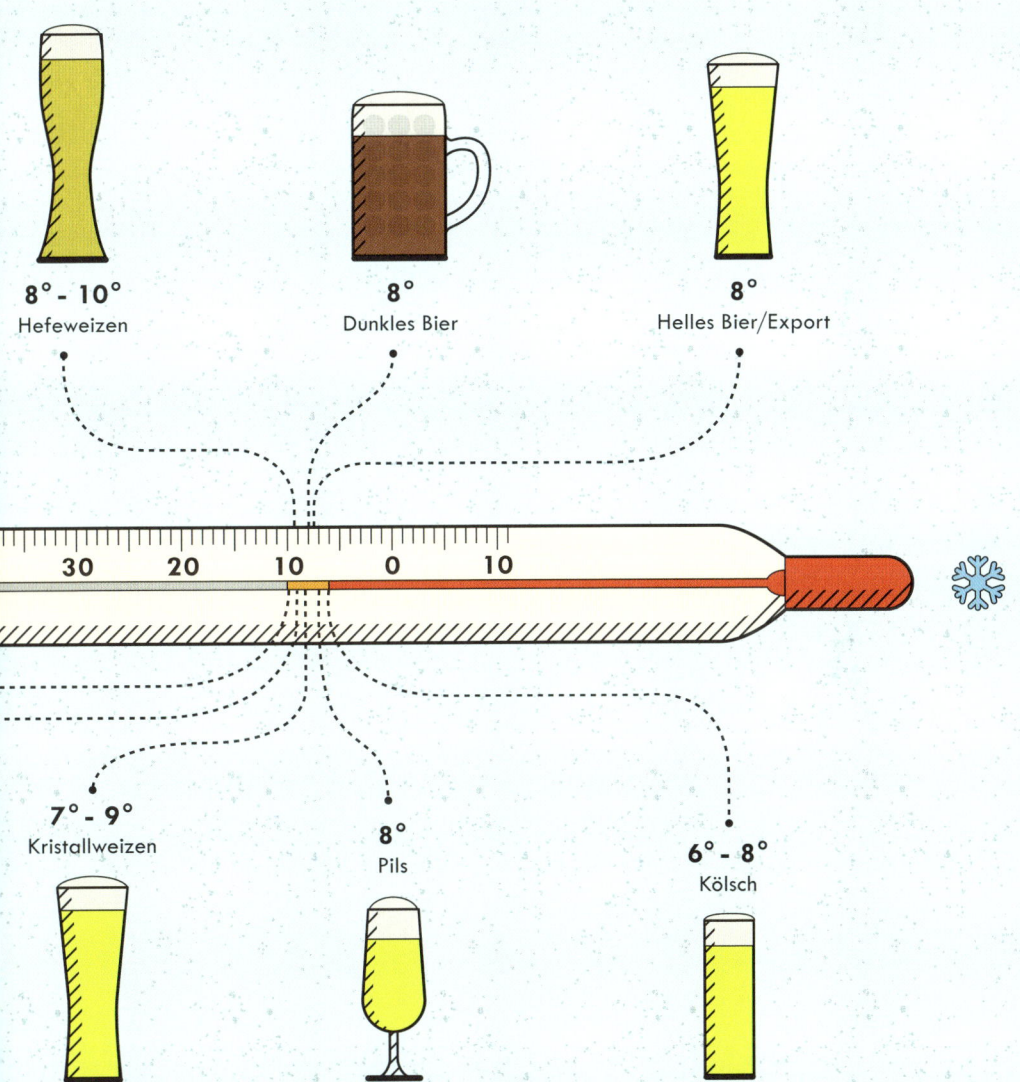

Für Feinschmecker: Welches Bier passt zu was?

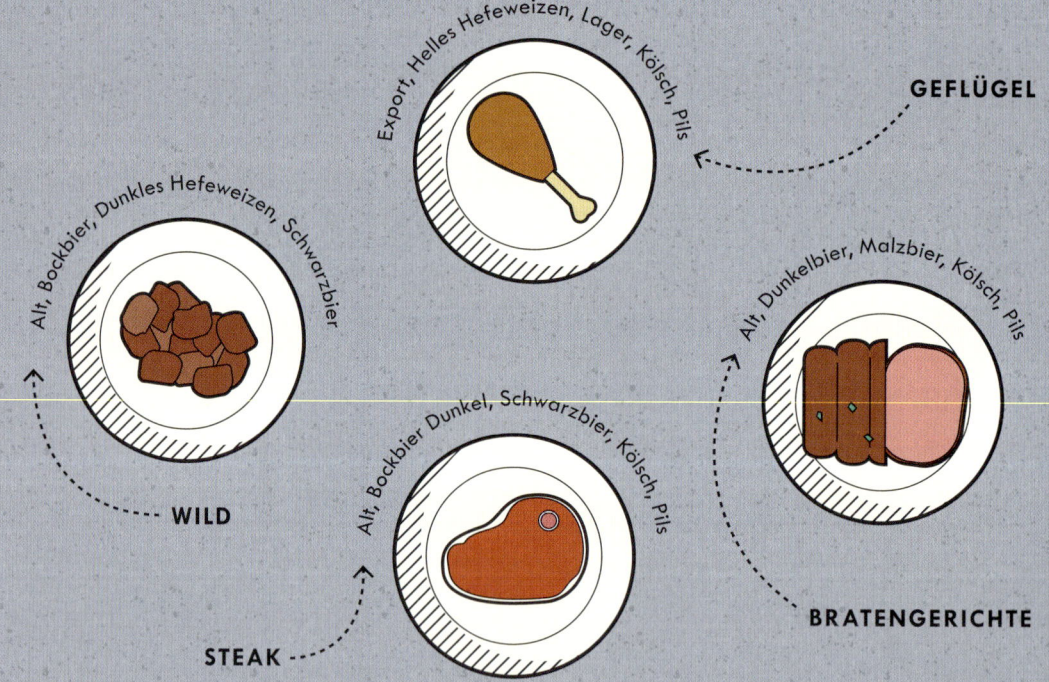

Export, Helles Hefeweizen, Lager, Kölsch, Pils

GEFLÜGEL

Alt, Bockbier, Dunkles Hefeweizen, Schwarzbier

WILD

Alt, Bockbier Dunkel, Schwarzbier, Kölsch, Pils

STEAK

Alt, Dunkelbier, Malzbier, Kölsch, Pils

BRATENGERICHTE

FISCH (GEKOCHT)

Export, Helles Hefeweizen, Lager

MEERESFRÜCHTE

Helles Hefeweizen, Export, Pils, Kölsch

Alt, Dunkelbier, Kölsch, Pils

FISCH (GEBRATEN)

Helles Hefeweizen, Lager, Export

SALAT

Helles Hefeweizen, Export, Lager

KÄSE (MILD)

Alt, Bockbier, Dunkelbier, Malzbier

KÄSE (WÜRZIG)

Bockbier, Helles Hefeweizen, Kölsch, Malzbier

SÜSSSPEISEN

Auch die Flasche ist in Form

Von wegen Einheitsflasche! Experten zählen inzwischen rund 120 verschiedene Glasflaschentypen auf dem deutschen Markt! Diese fünf unterschiedlichen Flaschenformen werden heute in Deutschland am meisten verkauft. In Klammern: Zahl der Umläufe, die sie durchschnittlich bei Mehrwegeinsatz erreichen

VICHYFLASCHE

LONGNECKFLASCHE

13 FORM

20 FORM

OCHMUND-BÜGELVERSCHLUSSFLASCHE

EURO-FLASCHE

NRW-FLASCHE

25
FORM

38
FORM

42
FORM

Auch der Staat genießt mit

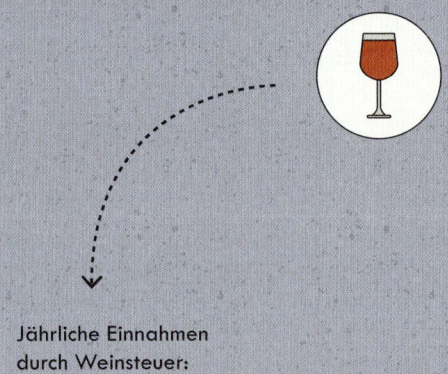

Jährliche Einnahmen
durch Weinsteuer:

0 Euro

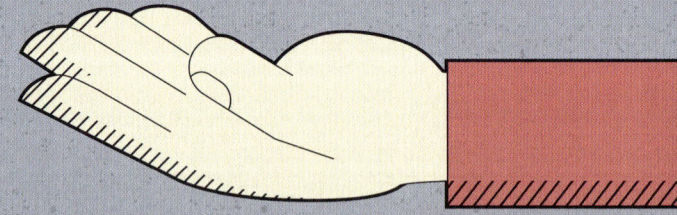

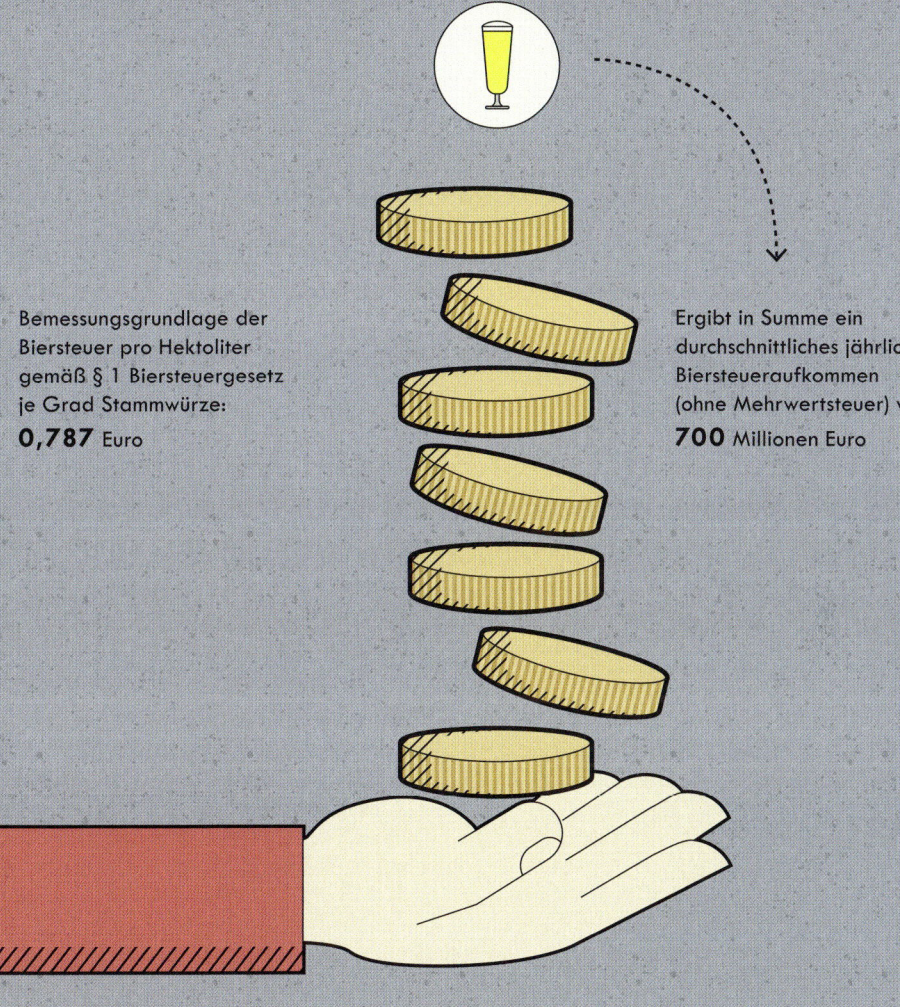

Bemessungsgrundlage der
Biersteuer pro Hektoliter
gemäß § 1 Biersteuergesetz
je Grad Stammwürze:
0,787 Euro

Ergibt in Summe ein
durchschnittliches jährliches
Biersteueraufkommen
(ohne Mehrwertsteuer) von:
700 Millionen Euro

Noch ist Bier (fast) reine Männersache

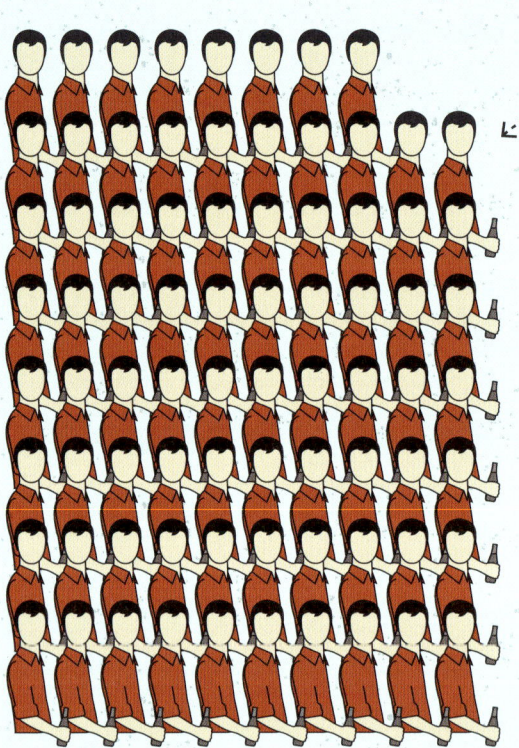

Anteil der Männer, die laut einer Studie der Deutschen Gesellschaft für Ernährung regelmäßig Bier trinken:
78,1 %

Anteil der Frauen, die laut derselben Studie regelmäßig Bier trinken:
13 %

Anteil der Frauen
im Brauwesen des
alten Babylonien:
100 %

Anteil der Frauen
im Brauwesen des
heutigen Deutschland:
5,5 %

Biertrinker leben länger

Positive Einflüsse, die ein moderater Bierkonsum (maximal eine Flasche pro Tag) verschiedenen medizinischen Studien zufolge auf folgende körperliche Entwicklungen haben kann:

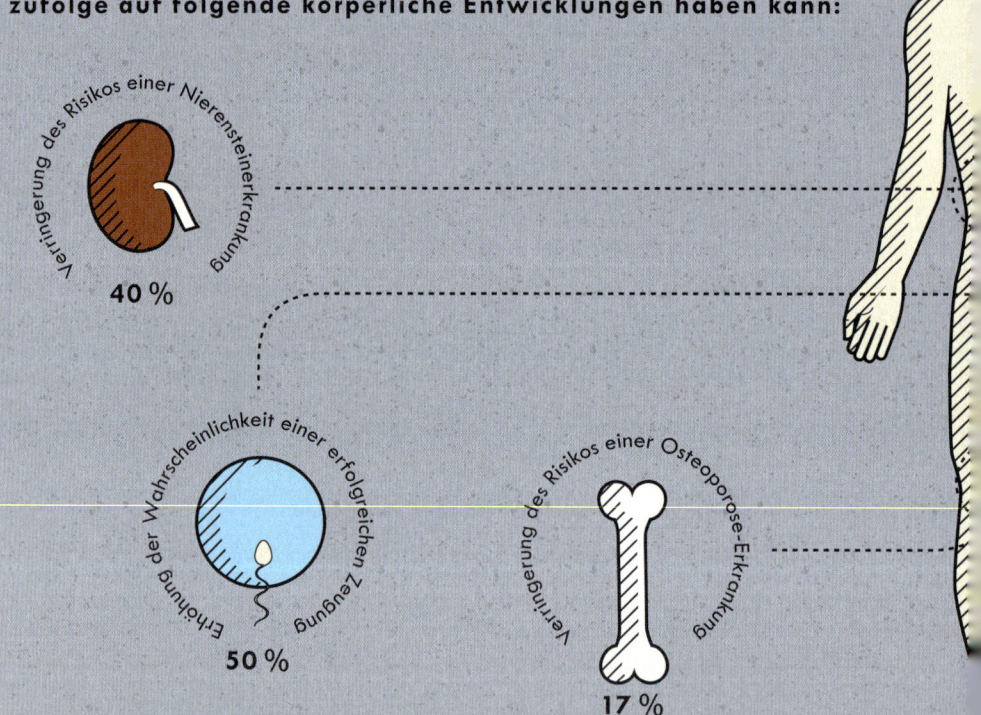

Verringerung des Risikos einer Nierensteinerkrankung

40 %

Erhöhung der Wahrscheinlichkeit einer erfolgreichen Zeugung

50 %

Verringerung des Risikos einer Osteoporose-Erkrankung

17 %

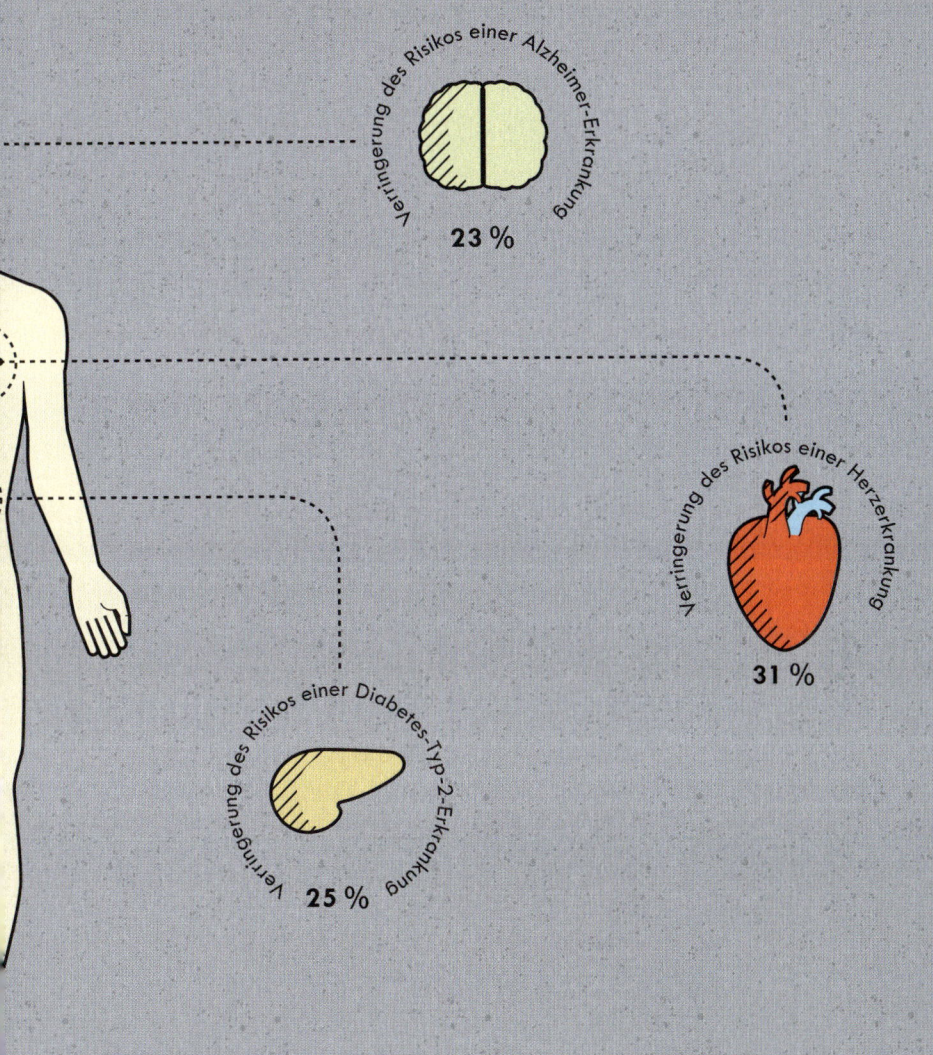

Verringerung des Risikos einer Alzheimer-Erkrankung

23 %

Verringerung des Risikos einer Herzerkrankung

31 %

Verringerung des Risikos einer Diabetes-Typ-2-Erkrankung

25 %

Selber Brauen in 17 Schritten – was man dazu braucht

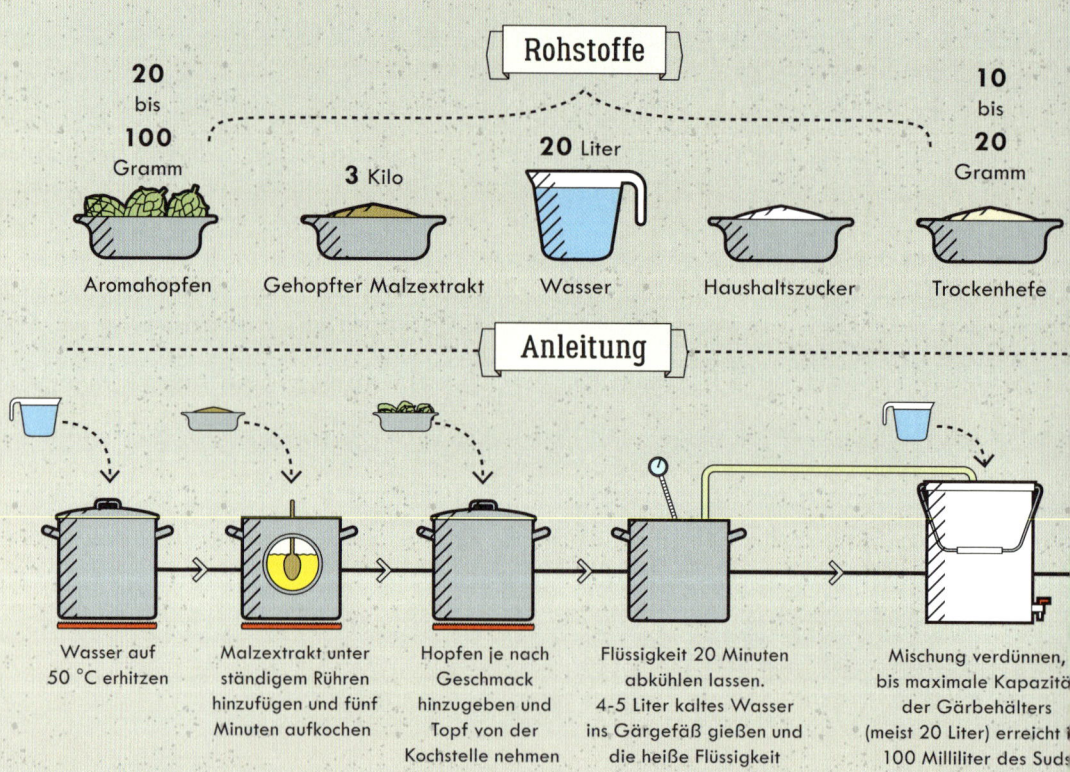

Rohstoffe

20 bis **100** Gramm
Aromahopfen

3 Kilo
Gehopfter Malzextrakt

20 Liter
Wasser

Haushaltszucker

10 bis **20** Gramm
Trockenhefe

Anleitung

Wasser auf 50 °C erhitzen

Malzextrakt unter ständigem Rühren hinzufügen und fünf Minuten aufkochen

Hopfen je nach Geschmack hinzugeben und Topf von der Kochstelle nehmen

Flüssigkeit 20 Minuten abkühlen lassen. 4-5 Liter kaltes Wasser ins Gärgefäß gießen und die heiße Flüssigkeit vorsichtig dazugeben

Mischung verdünnen, bis maximale Kapazität der Gärbehälters (meist 20 Liter) erreicht 100 Milliliter des Suds entnehmen und auf 25° abkühlen lassen

Ausrüstung

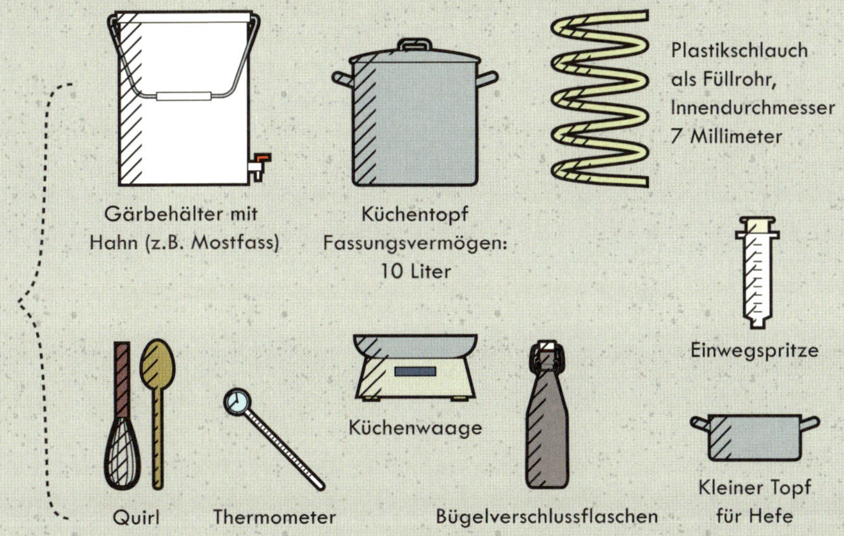

Gärbehälter mit Hahn (z.B. Mostfass)

Küchentopf Fassungsvermögen: 10 Liter

Plastikschlauch als Füllrohr, Innendurchmesser 7 Millimeter

Einwegspritze

Quirl

Thermometer

Küchenwaage

Bügelverschlussflaschen

Kleiner Topf für Hefe

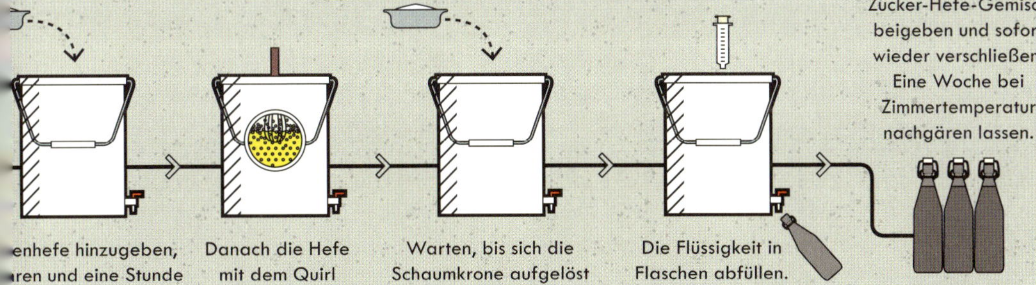

---

enhefe hinzugeben, ren und eine Stunde dicht verschließen

Danach die Hefe mit dem Quirl schaumig rühren und in die Würze gießen

Warten, bis sich die Schaumkrone aufgelöst und die Hefe am Boden abgesetzt hat (mindestens 12 Stunden). Etwas Zucker hinzugeben

Die Flüssigkeit in Flaschen abfüllen. Hefebodensatz aus Gärbehälter entnehmen und mit Zucker in die Einwegspritze aufziehen

Flaschen öffnen, Zucker-Hefe-Gemisch beigeben und sofort wieder verschließen. Eine Woche bei Zimmertemperatur nachgären lassen.

Dann zwei Wochen bei möglichst kalten Temperaturen reifen lassen. Prost.

Zum Schluss – noch ein paar kuriose Zahlen

Anzahl der Todesopfer, die nach dem Bruch eines Gärbottichs in London im Jahr 1815 im auslaufenden Bier ertranken:

8

Anzahl der Liter, die einer offiziellen Untersuchung zufolge in den Bärten englischer Biertrinker täglich hängen bleiben:

183

Anzahl der Gutscheine
für 30 Flaschen Bier,
die 25 Jahre nach einem
Kindermalwettbewerb
der dänischen Brauerei
Carlsberg von den Gewinnern
eingelöst wurden
10.000

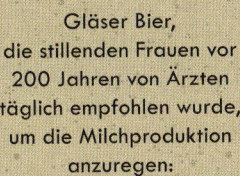

Gläser Bier,
die stillenden Frauen vor
200 Jahren von Ärzten
täglich empfohlen wurde,
um die Milchproduktion
anzuregen:
6

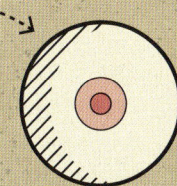

Kornkorkenflaschen,
die Weltrekordhalter
K.C. Murali in
einer Minute
öffnen kann – mit
seinen Zähnen:
68

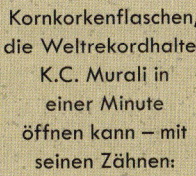

Biermenge, die den
Sklaven im alten Ägypten
während des Pyramidenbaus
als Tagesration zugestanden
wurde, um sie bei Laune
zu halten (in Litern):
4

Und jetzt: Prost

Das Wort „Prosit" (Kurzform: Prost) ist die dritte Person Singular Konjunktiv Präsens Aktiv des lateinischen Verbums „prodesse" und bedeutet übersetzt: „Es sei zuträglich." In diesem Sinne wollen wir uns international Prost sagen – mit einer Auswahl verschiedener Sprachen von A bis, nun ja, W:

Deutsch
Prost!

Französisch
Santé!

Chinesisch
Gan bei!

Bulgarisch
Na zdrave!

Englisch
Cheers!

Irisch
Slàinte!

Russisch
Sa sdorowje!

Libanesisch
Kesak!

Maltesisch
Sacha! Aviva!

Ungarisch
Egészségére!

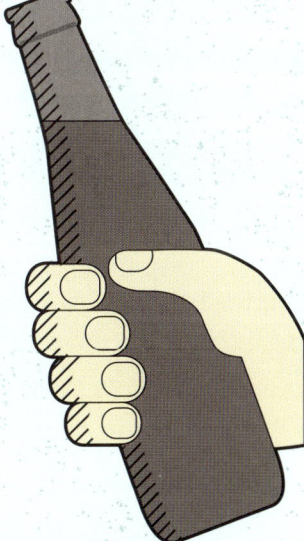

Quellen

www.bayrisch-bier.de
www.besser-bier-brauen.de
www.bier.de
www.bier-lexikon.lauftext.de
www.biertrend.de
www.bild.de
Deutscher Brauer Bund
Deutsche Medizinische Wochenschrift
Inside Getränke
Handelsblatt
Hofbräu München
Huffington Post
www.kenn-dein-limit.de
Manager Magazin
www.oktoberfest.de
www.welt.de
Wirtschaftswoche

Bibliografische Information der Deutschen Nationalbibliothek
Die Deutsche Nationalbibliothek verzeichnet diese Publikation in der Deutschen Nationalbibliografie.
Detaillierte bibliografische Daten sind im Internet über http://dnb.d-nb.de abrufbar.

Für Fragen und Anregungen:
info@rivaverlag.de

1. Auflage 2016

© 2016 by riva Verlag, ein Imprint der Münchner Verlagsgruppe GmbH,
Nymphenburger Straße 86
D-80636 München
Tel.: 089 651285-0
Fax: 089 652096

Umschlaggestaltung: Laura Osswald, München
Umschlagabbildung: © no.parking
Satz: no.parking
Druck: Graspo CZ, Tschechische Republik
Printed in the EU

ISBN Print 978-3-86883-895-4

Weitere Infos zum Thema:
www.rivaverlag.de
Bitte beachten Sie auch unsere anderen Imprints unter www.muenchner-verlagsgruppe.de